素描啟功

書畫詩文一大家　謙和此默
不自李清風駕鶴歸去後衆
人猶在思念他
辛卯春　李嵐清

"百年巨匠"素描／李岚清 绘

百年巨匠

Century Masters

启 功

李 强 ◎ 著

文物出版社

图书在版编目（ＣＩＰ）数据

启功 / 李强著. -- 北京：文物出版社，2017.10
（2020.4 重印）
（百年巨匠）
ISBN 978-7-5010-5168-7

Ⅰ．①启… Ⅱ．①李… Ⅲ．①启功（1912-2005）
-传记 Ⅳ．①K825.72

中国版本图书馆CIP数据核字(2017)第165310号

百年巨匠·启功

著　　者　李　强

总 策 划　刘铁巍　杨京岛
责任编辑　孙　霞
责任印制　张道奇

出版发行　文物出版社
社　　址　北京市东直门内北小街2号楼
网　　址　http://www.wenwu.com
邮　　箱　web@wenwu.com
制版印刷　天津图文方嘉印刷有限公司
经　　销　新华书店
开　　本　710×1000　1/16
印　　张　12.25
版　　次　2017年10月第1版
印　　次　2020年4月第2次印刷
书　　号　ISBN 978-7-5010-5168-7
定　　价　49.80元

宣传巨匠推广大师 为时代树立标杆

蔡武

文化部原部长 《百年巨匠》总顾问

文化精品创作工程包括重大出版工程、影视精品工程。《百年巨匠》就是跨界融合的一个重大文化工程，它深具创意，立意高远，选题准确、全面，极富特色，内容精彩纷呈，内涵博大精深，基本涵盖了我国20世纪这一特定历史时期在文学艺术方面的成就及其代表人物。它讲述的不仅仅是各位巨匠的传奇人生，更是他们的文学艺术成就同民族、国家，同历史、文化，同当代世界，同20世纪风云激荡的年代，以及同人民的命运都是紧密相连的。他们的成就对整个社会产生了重要而深远的影响。因此，立足21世纪的当今，系统全面科学解读巨匠人生与大师艺术，有着特殊而积极的意义，是社会和时代的要求。

作为一个有影响力的文化品牌，《百年巨匠》的表现形式也是多样的。《百年巨匠》丛书和纪录片互动互补，是出版界与影视界的跨界合作与融合发展，形成了叠加影响和联动效应，进一步丰富和扩大了品牌的内涵和外延。在信息社会"四屏"时代，用这样的一种方式来表达重大深刻的主题，具有重大的创新意义，是对中华优秀文化传承发展进行创造性转化、创新性发展的成功探索。体现出强烈的历史感、时代性、民族性，具有鲜明的中国特色，必将产生深远的影响。

一个民族自立于世界民族之林，离不开民族的自信心与自尊心。而民族的自信心和自尊心有其思想基础和人文轨迹，即对民族文化的重要代表人物和优秀传统应当有比较全面的了解并进行广泛传播。一个国家的历史需要记录，文化艺术同样如此。《百年巨匠》丛书秉承文献性、真实性、生动性原则，客观还原大师原貌，以更为宏阔的历史维度对大师们所经历的时代给予不同视角的再现和解读，为读者开启一扇连接 20 世纪中国近现代文化艺术史的大门。

巨匠们的艺术成就、人生经历、精神高度，彰显了中华民族文化在这个时代所能达到的高度，不仅有文学艺术上和文化史上的价值，而且有人文思想美学上的划时代性贡献。《百年巨匠》可以增强我们的文化自信和实现中华民族伟大复兴的意志。

《百年巨匠》还有一个重要意义，它能够激励我们后来人砥砺奋进，勇攀高峰。这些文化艺术巨匠有着深厚的爱国情怀和强烈的民族责任感，他们将个人荣辱兴衰与国家、民族命运联系起来，用文化艺术去改变现实，实现理想。在新旧道德剧烈冲撞中，他们所表现出来的高风亮节是后来人的楷模。他们所传导出的强大正能量，会激励一代又一代广大读者，对促进我们整个民族新一代的教育与成长，有着非常重要的启迪意义。他们的精神是引领和鼓舞我们再出发的航标与风帆。

《百年巨匠》也给了我们很多的启示，可以帮助我们回答和破解"钱学森之问"。20 世纪产生了那么多的大师，新世纪、新时期我们应该如何助推产生出新的大师？这些巨匠的成长轨迹给我们揭示了大师们成长的规律，如要深具家国情怀，要胸怀高远理想；要深深扎根于人民，与人民同呼吸共命运；既继承民族优秀传统文化，又要勇于创新；并以非常包容的心态去拥抱一切文明成果等。

《百年巨匠》仅反映了20世纪百年的文化形态和人文生态，我们应该把这个事业延续下去，面向21世纪。对艺术大师的发掘是通过他们的作品来体现的，而他们的作品既是中华文化的传承，又进一步丰富、创新了中华文化的构成。从这个意义上讲，宣传这些艺术巨匠就是弘扬中华文化。这些艺术巨匠作为中国名片，拥有较强的国际影响力，这一工程的推进，可以有效推动中华文化和中国出版走出去。不仅仅局限于艺术领域，还可以从广度上、外延上扩大至整个文化领域，甚至把科技、教育等领域的巨匠们也挖掘展示出来。

一个国家文化事业的繁荣与发展，既需要广大艺术家的努力，也需要大师巨匠的引领。宣传巨匠，推广大师，为时代树立标杆，无疑是我们责无旁贷的历史责任。巨匠之所以是巨匠，大师之所以能成为大师，是因为他们以具有强烈时代感和创新精神的作品站在了巅峰。而他们巨作的背后，是令人钦佩的工匠精神，这种工匠精神的发掘和弘扬在当下具有重要的现实意义。同时，这百年的文学艺术史已有的众多成果，从学术上也要系统总结。而长期以来一直困扰我们的一大难题，就是如何把这些重要的学术研究成果进行转化和再创造，使之成为可被大众接受、雅俗共赏的精品佳作。从这个意义上讲，《百年巨匠》丛书的出版也是非常值得赞许的。

当前，我们的文化艺术事业虽然取得了长足的进步，但是相对于时代的重任，人民的厚望，尚有作品趋势跟风、原创性匮乏、模仿严重等问题，希冀大家在《百年巨匠》作品中得到更多的启迪和感悟。

我们国家正处在重要的历史时期，为我们文艺创作提供了丰沃的土壤和广阔的空间。中华民族的伟大复兴，呼唤一切有为的文艺工作者，为繁荣中国特色社会主义文化、建设社会主义文化强国，奉献毕生的才华和创作热情，将高度的社会责任感和历史使命感化作文艺创作的巨大动力，创作出无愧于时代、无愧于祖国和人民的优秀文艺作品，让我们这个时代的文艺创作异彩纷呈，光耀世界。

目　录

引　子

中学生，副教授。博不精，专不透。

名虽扬，实不够。高不成，低不就。

瘫趋左，派曾右。面微圆，皮欠厚。

妻已亡，并无后。丧犹新，病照旧。

六十六，非不寿。八宝山，渐相凑。

计生平，谥曰陋。身与名，一齐臭。

享年 93 岁的启功先生，在 66 岁时，作了这样一首《自撰墓志铭》。这算是启功先生自己的一个"简介"，这个简介，已经是一首经典名作了。一读之下，诙谐有趣，却不见得尽解其中真心。

启功先生（1912~2005），字元伯，又作元白，北京人，满族，是著名教育家、国学大师、古典文献学家、书画家、文物鉴定家、诗人，曾任中国人民政治协商会议全国委员会第五届委员，第六、七、八、九、十届常务委员，是九三学社中央委员会顾问、中央文史研究馆馆长、国家文物鉴定

墓志铭

1

委员会主任委员、中国书法家协会名誉主席、北京师范大学教授。

启功先生是一位成就卓著的学者，学问博大精深，著述丰富严谨，教学勤勉认真；启功先生也是一位继承传统又锐意创新的艺术家，诗词承古创今，法书品高神逸，画作灵动清新，给我们留下了丰富而宝贵的文化遗产。

启功先生先后在辅仁大学、北京师范大学执教 70 余年。北京师范大学 95 周年校庆之际，受学校委托，启功先生拟定并题写了"学为人师，行为世范"的校训。这两句话，也是他一生的生动写照。

这个简历，是参考了当时中央统战部拟定的启功先生逝世"讣告"编辑的，经过《启功全集》编委会专门讨论，算是一个"标准"的简介。可是这个简介，实在还是抽象概括。了解的人，可将它视为一种"论定"；而不了解的人，只得到一个轮廓，还是不能产生生动具体的了解。

启功先生被问到自己的成就时，回答简单到"我就是一个教师"。

还有什么办法可以代替对这位"教师"的"简介"，来形象了解启功先生一生行状呢？

第一章 晦：一九一二至一九三三

我就叫启功，姓启名功。姓启有什么不好的呢？当年治水的民族英雄大禹的儿子就叫「启」。所以，我有一方闲章叫「功在禹下」，「禹下」就指「启」。我还有两方小闲章，用意也在强调我的姓，用的是《论语》中曾子所说的两句话：「启予手」，「启予足」，意为要保身自重。

家　世

1912 年，是一个划时代的年头。

这一年是共和元年，封建时代被宣布结束了，袁世凯在此时自己剪掉辫子，但后来还是忍不住想做皇帝。

号称不会沉没的泰坦尼克号下水了，可这艘自信的现代巨舰还是首航就沉没了。

这一年的世界，当时的人都以为要开始一个新时代，现在我们更多把它划归过去 —— 一个刚刚过去的百年前，与过去的千年还有着很多的联系。

启功（中）10 岁时，与爷爷（左）、姑丈合影

启功先生诞生于这一年的西历 7 月 26 日。

启功先生的母系克氏家族，是蒙古族，远溯自元代之初就来到了北京。元末北归，清初再次"从龙入关"。

启功先生的父系一族，即是清皇族爱新觉罗氏。这是关于启功先生，大家如今津津乐道的一个史实。具体地说，启功先生的始祖，自清帝雍正儿子和硕亲王算起，启功先生是第十世后裔。

也就是说，乾隆不是启功先生直系祖先；雍正是启功先生十一世祖先，当然康熙就是启功先生十二世祖先。

雍正第五子和硕亲王，是乾隆皇帝的弟弟，因是皇子而没有继承"大统"，这一支就以他为先祖。这一支当然是清代的贵族，和硕亲王之后，不再是当世皇帝的后人，是一个明显的"拐点"。

因为清代皇室"世袭累降"的规矩，和硕亲王的后人，俸禄也是一代一代递减的。到了启功先生的曾祖溥良，较之前俸禄已经大为减少。溥良做了一个影响后世的决定，就是辞去皇族俸禄，以一般士子身份，下科场考试，得中做了翰林。这也是启功家族的一个"拐点"，这个皇室后裔的天潢贵胄，从此改换门庭，成了地道的书香门第。

启功的爷爷毓隆，沿袭乃父溥良，也高中做了翰林。这两代翰林都曾外放学政，做的是教育官员。启功的父亲恒同，是毓隆的独子，只活了20岁，在启功一岁时病逝。这标志启功先生刚刚降世，这个家族的衰落也开始了。

启功幼年，爷爷致仕赋闲，还能教育抚养启功。启功读诗、写字、学画，都受老翰林爷爷毓隆的启蒙和熏染。想毓隆家族两代做的是学官，家底积蓄不很丰厚。在启功五六岁时，毓隆想离开致仕赋闲后的北京官场，到远郊散心闲住一段时间，还是靠在任时提拔的易县学生接待。启功10岁之前，爷爷代替了父亲的养育之职，虽主要靠积蓄生活，犹使启功保有一个一般士人的家庭生活。启功10岁，爷爷去世，启功家的日子已经到了难以为继的程度。

爷爷毓隆临死，对启功有一个交代：你不能姓金，姓金就不是我的孙子。自启功降生到爷爷去世，这是民国的最初10年，所有爱新觉罗家族不再享有特权，而且成为被驱逐的达虏，政治地位一落千丈。民国对清廷优抚的不了了之，爱新觉罗族人为避祸违心地改姓为

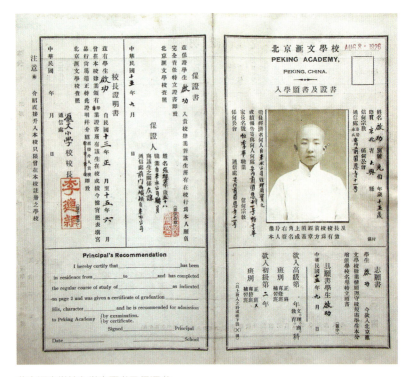

北京汇文学校入学志愿书及保证书

金，以及大难之后社会、宗族的人情凉薄，使读书为业的这个爱新觉罗家庭有了这样一个誓约。近百年后，大家津津乐道启功先生的爱新觉罗姓氏，以及一些爱新觉罗后裔因姓氏而自矜，是与誓约在心、明理自尊的启功先生感受不同的。

关于自个儿的姓氏，启先生自述原因：

我既然叫启功，当然就是姓启名功。有的人说：您不是姓爱新觉罗名启功吗？很多人给我写信都这样写我的名和姓，有的还用新式标点，在爱新觉罗和启功中间加一点。还有人叫我"金启功"。对此，我要正名一下。"爱新"是女真语，作为姓，自金朝就有了，按意译就是"金"，但那时没有

"觉罗"这两个字。"觉罗"是根据满语gioro的音译。它原来有独自的意思。按清制：称努尔哈赤的父亲塔克世为大宗，他的直系子孙为"宗室"，束金黄带，俗称"黄带子"，塔克世的父亲觉昌安兄弟共六人，俗称"六祖"；对这些非塔克世——努尔哈赤"大宗"的伯、叔、兄、弟的后裔称"觉罗"，束红带，俗称"红带子"，族籍也由宗人府掌管，政治经济上也享有特权，直到清亡后才废除。清朝时，把这个"觉罗"当做语尾，加到某一姓上，如著

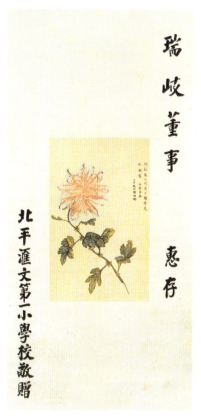

瑞岐董事 惠存

北平滙文第一小學校敬贈

小学三年级时所绘菊花图

名作家老舍先生，原来姓"舒舒"氏，后来加上"觉罗"，就叫"舒舒觉罗"，而老舍又从"舒舒"中取第一个"舒"字做自己的姓，又把第二个舒字拆成"舍"字和"予"字，做自己的名字，就叫舒舍予。同样，也把"觉罗"这个语尾，加到"爱新"后面，变成了"爱新觉罗"，作为这一氏族的姓。也就是说，本没有这个姓，它是后人加改而成的。再说，觉罗带有宗室的意思，只不过是"大宗"之外的宗室而已，在清朝灭亡之后，再强调这个觉罗，就更没有意义了。这是从

姓氏本身的产生与演变上看，我不愿意以爱新觉罗为姓的原因。

爷爷去世，家庭大难，发丧要卖房子支度，生活立即陷入窘迫。启功未嫁的姑姑决定与嫂子一起照顾家族独苗。满族人家，女子的地位较高，责任感也强些，但家里已经没有了成年男人，生计依然无着。

爷爷的学生与故交眼见老师身后"孀媳弱女，同抚孤孙"，发起了捐助，募集两千大洋，买成公债，每月支取利息，维持启功、母亲和姑姑三人生活。这笔钱直至启功长到18岁成人用尽。一些爷爷的学生，还定期过问启功早年的教育，指导读书、安排学校、格外介绍一些老师和求学的途径。

启功就是在这样的幼年、青年时代，认真读书。10岁之前在爷爷的熏陶下接触文化，到宗亲家里的私塾"附学"，受爷爷影响立志做一位文人画家。10岁之后读新式学堂，同时延聘私人老师读经、学画。到18岁，可以教一点家馆，也卖一点画补贴家用。这样的孩子，本来就明理孝顺，又有名师指点，学业初有所成。

18岁的启功，参加了"中国画学研究会"和"中华书画研究会"。由母亲做主，娶了大两岁的妻子章宝琛，肩负起母亲、姑姑、妻子一家人的责任。

立业成家具备一个初步的样子。有家族贵友提出资助启功出国深造，被启功婉言辞谢了：我不是一人吃饱，全家不饿的人呐。

两位恩师

　　启功先生接受采访，笔者总结，有一个"三段论"。那就是：第一，此地无朱砂，红土为贵。我没有什么了不起。第二，如果我做出一点点成绩，都是陈垣老师的精心栽培。第三，陈垣老师，如何如何，才是了不起，话题就导入陈垣先生的成就了。

　　由于启功先生总是这样念念不忘陈垣校长的造就之恩，大家都知道启功是陈垣的学生，这是一段感人的师生之情。

　　陈垣先生对启功的栽培和提携，对启功先生来说，恩情就像一座巍巍高山。但这座高山如同海上冰山，还有一位老师的恩情如同水下冰山，那就是启功先生并不挂在口头的上师白普仁。

　　3岁，家里安排启功在雍和宫皈依喇嘛教，主要是为了求佛祖保佑，顺利成长。启功是三代单传的独苗，雍和宫是启功九世先祖雍正皇帝做皇子时的王府，后来成为皇家寺庙，对于启功自有不同的意义。启功在雍和宫拜的上师，就是这位白普仁法师。

　　白普仁法师作为启功的上师，自启功3岁至十六七岁为其传教授法，对启功的思想、性格和知识体系产生了巨大的影响。启先生自言：

　　　　从佛教和我师傅那里，学到了人应该以慈悲为怀，悲天悯人，关切众生；以博爱为怀，与人为善，宽宏大度；以超脱为怀，面对现世，脱离苦难。

　　白师傅本是一位高僧，铸造了至今供奉在雍和宫的宗喀巴像，平

SUPERIORS OF PEKING ACADEMY

The fat of Mr. Chia
The head of Mr. Che
Mr. Kao's a pair of feet.
Mr. Kê's charming wife...........................
And that,...that you will find in the
year book of 1932.

北京高级中学纪念册，1932 年

时念经炼药，修己利人，在启功青少年时期的心灵里留下不可磨灭的印记。20 世纪 20 年代，九世班禅来到北京，白师傅即随侍供养，还安排自己的徒弟启功接受了班禅的亲自灌顶。

在启功先生高中的一期学刊上，印有四位同学的风采，启功也在其间。四人都是照片图像下面画了漫画身子，年轻人的搞怪行为。其他人有礼帽洋服、美女高跟鞋的装饰，启功则是作袈裟念珠模样，口称阿弥陀佛。不到 20 的启功，真实已经是个十几年的小沙弥，这个精神面貌并不突兀，与多年后的启功是一致的。

很多学生故友还记忆犹新，2005 年春节后启功先生再次入院，几个月间神志迷离，唯能看到的意识活动，就是先生手里的念珠时时还在捻动……

在启功先生去世不久，《启功全集》编委会整理先生家里遗稿，发现一个红丝线密缠的锦囊，层层打开之后，发现是一个密宗的佛像"擦擦"。家里人说，这就是白师傅圆寂后，僧人们用他的骨殖和酥油制成的佛像。启功先生一直把这个佛像带在身边，直到离世。

启功的佛学修养和思想，是渗入到了生命的肌体里，竟至被启功和大家在归为"学问"的时候，好象有些忽略了。启功 3 岁皈依，浸染其中，心得是随时有所表露的。与启功别的学养一样，他的佛教"学问"都是用来"行"的，用来实践和生活。

想起一个和启先生向佛习惯有关的事。还是编《坚净居丛帖》时候，在启功家里拍照先生的藏帖，那些帖的前后，常有启功的题跋。

看到一件题跋，笔者算了一下，37 岁所写，就惊叹了，写得多漂亮啊！笔者把自己的惊叹向启先生报告，先生问：真的好吗？

"真好！"

他老人家得意的反应出乎我意外之外，是哇哇地流利地念了一通儿咒，众人听不懂。

再下来拍照，又有发现。再次报告，启先生高兴地又一通儿念咒。

最有趣是报告了几回，有一件朱笔题跋，笔者拿到启先生面前说："您写这些题跋时比我现在还年轻，随手一写就这么潇洒。"

启功先生接过帖来，抚着封面上自己的题跋，得意地说："这回啊，没咒念啦！"

启功先生的佛学修养，不是知识上的。不是写一些佛学介绍，或者佛理探讨的文字，而是把向佛的熏习化在了日常中。不仅是学理上的研究贯通，而是切实的持戒修行。佛教思想是启功思想的重要部分。

启功先生晚年，每年年初一都要回雍和宫叩拜念佛，坐在他早年诵经的位置上，一是回家，一是拜庙，这对启功应有身体上和精神上的双重意义。现在，雍和宫还藏留着启功先生题写的匾额和抱柱对联。匾额的题词是"大福德相"，长联的题词是"超二十七重天以上，度百千万亿劫之中"，这都寄托了启功先生对雍和宫的一份虔诚。

早年的口碑

20 岁前后，启功可以教一点家馆，也卖一点画补贴家用。这样的孩子，本来就懂事孝顺，又有名师指点，学业初有所成。

在启功先生青少年时代，他的学业如何呢？

冯恕（1867~1948），字公度，民国著名书家，当时在北京曾有"无匾不恕"的说法，就是说街上的匾字没有不是冯恕所写的。冯公度也是最早开办实业的有识之士，北京最早的电灯公司就是他的产业。冯公度见到 19 岁启功的草书，评论说："这是认识草书的人写的草书。"

这句评论看似平常，却是深具赏识的褒扬，说明启功早年学书窥见堂奥，书法的路子端正且兼具学养，似乎也预见了后来的"无匾不启"。联想到有评论认为如今书坛的草书有胆无学，草法乖张，冯公度的语意更是有掩不住的嘉许。

叶恭绰先生评价青年启功："贵胄天潢之后，常出一些聪明绝代人才。"这更是直接的肯定。

叶恭绰（1881~1968），字裕甫。书画家、收藏家，曾任北洋政府交通总长。新中国成立后，曾任中央文史馆副馆长。

这个评价意味深长。天潢贵胄之后，其实是大有人在的，也并不必然英俊高贵，尤其是改朝换代"之后"。历史上，家族丧失了对政治经济的控制，其后裔中"聪明绝代"人才在文化上取得卓越成就的现象，曾经多次出现。赵子昂是赵宋后裔，影响了入元一代书风。八

1920 年，爷爷毓隆画给启功的梅花扇面

祖爷爷溥良写给启功父亲恒同的扇面

大山人、石涛是朱明后裔，有清之后产生了巨大文化影响。20 世纪 30 年代，有一个成员以爱新觉罗宗亲为主的"松风画会"，会员为溥心畬、溥松窗、溥雪斋……许多的一时才俊，似乎皆可中叶恭绰之选，而当时的启功还只是年轻的晚辈成员。可见，此说不仅指书画才艺，更指文化影响，识人之眼足令今人赞叹。

陈垣先生评价启功"写作俱佳"。这句话，直接影响了此后启功的人生轨迹，表示启功人生第一阶段的晦暗结束了。

这样的口碑，在启功先生后来的师友中还有不少。

中年时期，启功先生与很多人的命运一起，转为晦暗，有一些《世说新语》式的轶事与品评，诙谐隽永，直到成了段子。到了 20

窥园图

世纪 80 年代，启功先生当选中国书法家协会主席，驻会领导的一句评价不胫而走，至今流传。这就是佟韦先生的创造："人无完人，启功除外。"

启功主席对书协的领导，是无为而治式的，应该说更多是自勖和身教。但书协一直是人多事多。佟韦先生以亲身的体会，忽然神来一句矛盾的话，传达了很多人的通感。这句张力强大的"矛盾的话"就此流传，直到如今。笔者虽没有听到佟韦先生亲口说出这句话，但听人转述和读人记述提及处不止 20 回，足见流传之广。

晚年，有启功先生老友黄苗子的评价，作为文章的题目，是"扬马之俦，石八之流"。将启功先生直比扬雄、司马相如、石涛、八大山人一类人物。这说法比叶恭绰虽然直白，其不世出的期许却是一样的。

还是黄苗子先生，在启功先生逝世之后，在文章中用旧时的方

略师黄鹤山人法　　拟一峰道人笔法

梅花道人渔父图意　　　　戏效设色云林小景

法，给启功先生上了一个谥号：启文通公。谥号本是朝廷封的，也不失为一种"简介"。虽然启功先生十几岁时，曾被溥仪小朝廷依照宗室旧例封过一个三等将军的武职，若是谥号，当然是"文"；至于"通"字，传统学问，崇尚综合，"通儒"可谓高矣。忽然想到，人说钱钟书先生从不骂人，最严厉的"骂"法，不过是"不通"二字。

台湾的董桥在悼念启功先生的文章中，认为启功先生"可以直接与唐宋文人对话"。这个评论，强调的是启功先生的文人气质，以及传统文化素养。

青年启功

　　启功生平的早期资料，披露不多。到启功 90 多岁，《启功口述历史》出版，算是有一个完整的生平。其中早期经历，资料仍显单薄。大略地知道，启功早期就是向学，一门心思地学，有心并默默地学，是生活的主题。时间已远，就连启功自己的口述，关于上学的细节，也是由收集汇文校史资料提供的。

　　启功保存一方砚台，刻了陈垣老师的砚铭："元白用功之砚。"是一个实物说明。其早年求学用功之力，在先生的口述历史中可见一斑：

　　　　我虽然已上了汇文中学，而且快毕业了，但更有兴趣的是下午四点跑到礼士胡同曹家随戴老师学古文。那时，曹岳峻已经下课，戴老师留下再单独教我一会儿。戴老师既重视基础教育，又很善于因材施教，他对我说："像你这样的年龄，从'五经'念起，已经不行了，还是重点学'四书'和古文吧。至于'五经'，你可以看一遍，点一过，我给你讲讲大概就可以了。"于是我把《诗》《书》《礼》《易》《春秋》加上《左传》都点了一遍，有不对的地方就由老师改正。至于古文，老师让我准备了一套《古文辞类纂》，让我用朱笔从头点起，每天点一大摞，直到点完为止，一直点了好几个月。后来又用同样的办法读了一部《文选》。经过这番努力，我在较短的时间内，打好了古文基础。后来老师又让我买了一套浙江书局出的《二十二子》，即二十二种子书。为什么单买这套呢？这自有他的眼光和见识。二十二子的第一子是《老子》，浙江书局的《老子》用的是王弼的注，而不是河上公的注。读了王弼的注我才知道他的很多观点与《韩非子》的《解老》《喻老》一样，从而能把两家打通，懂得法家往往要从读《老子》、治老学开始，并明白《史记》把老子和韩非子放在同一传内是有内在原因的。

辅仁时期，启功的许多资料借辅仁校史得以保存。再后，启功有一方闲章："闾里书师"，沉浮于闾里了。劫波数度，有意保存的资料更加难得了。

启功晚年的闲谈里，曾经聊起，七八岁时，看到别人遛鸟，他把一只鸡雏装在笼里，也去凑热闹。看到他来，别人都把鸟笼挂得远远地。晚年启功失笑于自己的外行，别人是怕鸟儿听了他的小鸡叫，把"口儿"学歪了。

启功的家庭教育，没有这个俗世闲乐的环境。

虽然世系是天潢贵胄，实际上启功成长的家境是传统的书香门第。因为父亲、爷爷的去世，启功早年经历了生之艰难。

时代发展的必然，则使启功连续经历了

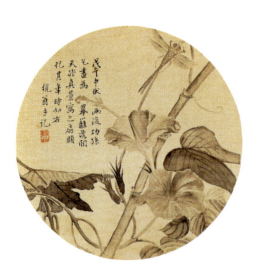

爷爷毓隆为启功示范画扇

玄宰仿米雲岳瀟湘白雲縜本

因秀勁毫一氣寫成興中露皴坡石純

用橫畫長披墨氣隨點拂而出的係

精品因元伯贊不絶口復詳按之

題云此乃余家所藏嘗戲爲筆之

日章畫

王豪妹山讀書圖紙本設色

筆墨露空邱壑幽壑筆多冒瑶趙手

作珍瓏石鼓塊主樹一排毫不經意盦

遠盦深惜上半絲幅稍短欵署叔明考

己巳重九與祥翔階咎元伯同觀清內府鍾粹

宮及上書房各處書畫群樓下殿呑懇枯斫

恐後爭先顧此先彼因興元伯名出絲筆

摘錄原類梗概半日苦辛顧刑疲憊珠廔

後然憶經過分斷錄出此憑眼福之辛窩以

古人秘興本難探究元微而學者凌深尤

貴深作理會用散安標誤見免致遍賬雲

煙更欲暢廓胸謀必先盦心機軸但呈日

舍皇涉獵原限於寸晷之陰並蓄兼收

正難免魚珠之謬尚冀

高明指正是幸

中華十八年九烁月宛平貫魯謹於意圖

贾曦民先生带少年启功参观故宫的晚课笔记

19

近代史一系列大的事件。作为一个旗人，启功的生命，经历了辛亥的巨变、修改对清廷优待政策的事件、北伐、东北沦陷，如果设身处地，能想见那感受与一般国民自有不同。而接下来的抗日战争、新中国成立、"反右"和"文革"，那影响也是至深。加上家庭在上述影响中的凋零飘摇，所有这些国事家事，不能不在启功的性格中留下影响。

在一位汇文校友的家藏里，笔者曾见到部分当年的《汇文年刊》，关于启功，其中有一些细节记录。

一位署名"志铭"的同学，写了一篇短小的印象文字《启功》。翻看年刊，并非每个同学都有简介，可想见启功当年在同学眼里，应该是位有个性的主儿吧。全文如下：

> 元伯启功者，世居旧都，睹其貌，观其服，知其然也。言语诙谐而恣肆，举止倜傥而乖僻，见者疑其狂，实则笃信坚贞，恺恻之士，余独知之焉。每寄意于诗词书画，时有恺恻之音，荒寒之韵，流露其间，则可见其不仅爱好已耳。无能逐世，又不能合污同流，故宁学商，所以苟全性命而已。与余相交甚深，乃略叙其身世云。

这是同学眼中，20岁之前的启功。以我们现在熟悉的启功相比较，有些一贯的气质，如"诙谐"，如"笃信坚贞"，如"寄意于诗词书画"，而且"不仅爱好"，还有"无能逐世，又不能合污同流"的态度。

有不复依然的姿态，如"恣肆"，"恺恻"，"狂"，应当是后来的日子里收敛了吧。"有志于学"的信念使人提升，世路多艰的经历教人晦光。其中"倜傥而乖僻"，"荒寒之韵"的张扬，怕是消磨去了吧。

家教与学养所致，想启功那时是文质彬彬的样子吧。启功曾经给人留下恣肆与狂捐的印象，却也是年轻人不怕表露的张扬。是什么时候，怎样的故事，让启功失去这些少年率性，修养得敦厚稳重。从目前的资料看，家教之外，启功自己立志向学，主要通过古典文学和传统书画熏习品德，直如一块璞玉，把自己打磨的温润光敛。笔者曾修过一张启功 30 多岁的照片，谦谦君子，雅怀有慨，今天不易得见这样人物了。

谦虚和敬人

启功最显著的性格，是谦己让人，有许多事迹流传。早年有这样一件比较关键的事例。

启功往辅仁大学谋事，已经被辞退两次。陈垣校长不死心，又在校长室找到一个秘书位子，派人去找启功。人家找到启功，告知这个重要消息，但启功照例还是要说些没有做过、怕做不好的谦虚话。可惜来人不跟他客气，打住话头，回去告诉陈垣校长，说启元白不愿意。这不算假话，其实人家正有个现成的人推荐给校长，才是真的。

试想，家里靠启功养活着母亲、姑姑和夫人三人，又值卢沟桥事变就在眼前，国难家难的现实压迫，这个机会多么关键。启功对自己的"谦虚"是否有过悔恨呢？从后来情况看，启功对此事印象至深，可是依然谦虚故我。性格习惯是一个人身上最稳定的品质，谦虚也的确是人生大局看来更有利的高尚品德。

好在命里有时还是会有的，稍后启功再次被陈垣校长招回辅仁大学，这次是做助教。

说及此，启功讲过一个故事，说宗老溥仪改造成为一个老百姓的时候，有一次坐公共汽车，车太挤，到站的人下不去，售票员和溥仪等门口的人先下来。等到站的人下来了，售票员要溥仪再上，溥仪打着躬说"您先，您先。"人家售票员就上车关门拜拜，把溥仪放站台了。

谦虚的境界，是一个人外取的知识越来越多，于是认识到知识取之不尽，就认识到了人总会无知。而这个人总会无知的意识，却是真知，是智慧。知不足的智慧，发而成为谦虚。

牛顿说自己只是捡几个海滩的贝壳，爱因斯坦说知识之圆的面积越大，无知的周长就越长。我们把看到这样子说话叫作谦虚，而说话者自己却是真那么认为的。这就是境界的分别。谦虚，是判断一个人知识是否多到产生智慧的标志。无论世风怎么变化，这个标志没有例外，故而，是人类社会暗流的规律。

卫视报道书界名人，秦永龙先生受访，栩栩然千家万户得见。秦永龙踱步书廊，赫然有启功像高挂。秦永龙双手向着启功像介绍说，这是当代王羲之、我们的导师，云云。笔者见到启功先生，报告电视新闻，学习秦永龙的样子。启功先生闻之而起，亦学我的样子："这是当代活宝。"一派赤子天真。

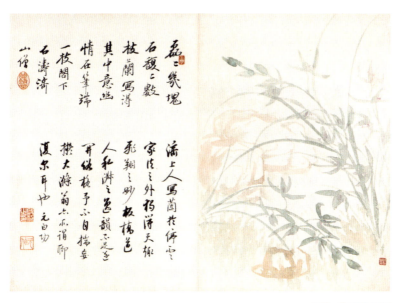

兰草·磊磊几块石

敬人是启功做人的又一个显著性格，因为律于己严，能够待人宽。大家有很多启功待人恭敬有礼的记录，都是出自亲身的感受。笔者初到启功家里，看到启功起身迎人，送人出门的情景，虽年高不便，即使面对这样那样的闲人，态度依然相同。

同样的事情，在一般人的境界一面，就只能说，敬人的道德就是大人礼遇小孩儿。礼遇，就可以和平相待。不礼遇，就吐你脸上，看谁做得出来。人的境界天壤有别，为文自不必在一个面上自以为是地误读。

所以，世人说谦虚、恭敬等高境界值得歌颂，心下却想着那肯定吃亏，只是敬而远之。实际是不体会前贤积累的"道"，不知道学而为人的路。以为自己比往圣大德还机灵，虽甘于流俗，不妨碍自以为是。现实社会中，情况好像从来这样。

学，其实就是照着做，不是用脑子记，不是用嘴来说。境界如此，心得如此。现在已经知道，唯其启功已经学过想过做过，我们就可以埋头向着启功，只顾依样葫芦。先做起来，一切不管，以希望终究有一点提高。

启功对自己的文稿，极端认真，他的手稿总是一再地查，反复地改。启功待人公认地和气，有一次，编辑对稿子做了一点自己的改动，启功还是明确告知为什么不妥当，自己不同意，不高兴。每回启功的新书到手，都会取一本，仔细校看，把不足标在书上。封面写上"校本"，留待再校时记录，再版时改正。

与之对照的是，别人关于他的描述，启功自己对此并不认真，并不计较。我想这容易明白，人毕竟各说各话，都是只能对自己负责。

启功先生敬服汪容甫，早年自己买的第一部书，就是汪中的《述学》，一直携留身边。汪容甫也是幼年丧父，一心向学，与启功经历

双钩竹

有所相似。启功称汪容甫是清代文伯，经师，心里对其认同。

　　文人是个有趣的"东东"，说有趣，是情感上把人生安排的自我安心。启功向往汪容甫，而汪容甫向往刘孝标，一代一代，亦步亦趋。他们都在前辈身上，找到自己价值。

启功晚年的书法，常爱写汪容甫作的文辞。到了90垂老，还曾专门寻访，到扬州汪容甫墓前鞠躬凭吊。

由于喜爱，启功曾在一篇札记中，误把汪容甫书法所写内容，当作了汪容甫的创作。发现之后，启功专门为文，承认了自己的错误，认错是严肃的。启功在文中说，这是经历劫波曾经反复认错之后，"真有错、最诚心的一次自讼"。

启功有个说话的习惯，不同意，或不愿谈下去，会说："那我就不知道了。"或者叹一口气："哎，没法儿说。"比如，《论词绝句·史达祖》：

> 顾影求怜苦弄姿。连篇矫揉尽游辞。
>
> 史邦卿似周邦彦，笔下云何我不知。

这诗绝似启功说话口气，就是这种说话习惯的诗。

另有一首诗，是这种态度的启功自道。诗表面是说，大家都叫太行山，可是有人偏要念做"代形山"。你如果纠正，还肯定跟你狡辩，还敢自信地拉你去问老师。而这老师，来了竟至说：没错，就叫代形山。诗的原文如下：

> 众上泰杭山，或呼为代形。
>
> 泰杭纠其谬，代形忿以争。
>
> 赌决于塾师，师判呼者赢。
>
> 问师何所据，令彼终生瞢。

这诗的高明在于，你还委屈地正要感叹，老师说，这人不是没有知识，是不准备有知识，还怎么讲理？只有"令彼终生瞢"。让他瞢着去，就完啦。

这样的话，还有说韩愈的："退之谏愚夫，贬逐临其身。"说伍子胥和吴王的："胜败由自招，何待忠臣管。"

这些态度，是实事求是的，是有用的。因为看得清楚，所以懒得去争。

启功的八世祖弘昼，和亲王，是雍正皇子，乾隆皇弟。这个人张扬跋扈，很在乎争。当然，他也有条件去争。也因此，小事他全都争胜，大事雍正就让他输了。这人活得就是个不明白。启功说他"抢尖儿"。这位是争的祖辈。

启功的三世祖溥良，辞掉了皇家的世封，靠自己向学、科考，改变门风。是位不争的祖辈，

家族的这些历史和血缘的积淀，使得启功不仅天资聪明，而且灵魂悠久。启功做人，是脸冷心热。这些事，启功看得清楚。

在启功看来，做人最不堪的，不是蠢人，当然也不是穷人，是妄

菊花·白阳山人磊落落

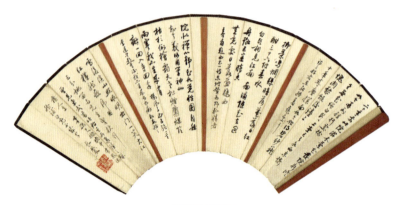

四季景色扇面

人。因为烦他们，有时候竟至生妄人的气。启功到大英博物馆看敦煌写经，曾写有一个题跋：

> 一九九六年十月十日下午，获观馆藏敦煌经卷，其中有晚唐五代写生（经）。拙笔所书者，闻有妄人指为伪作，因为志此，以奉告典藏诸君。自古法书有真有伪，而此辈妄人呓语，切莫听也。

妄人不是无知的人，而是无知并且敢干的人。妄人的特点，是自我感觉很好。根据这个定义和特征，想不做妄人，靠自己自查是不行的，要有这个警惕。你要想让妄人站出来，就好像要求没来的举手，结果都会是"没有"。要想使妄人少一些，只好形成一种风气，请大家自我警惕。急不得。

但是启功这回，文气里是不是有些急了。启功的题跋，各处很多，容易读到，文字不是一般地好，是很好。这次，启功一急，连文采都下降了。可见妄人的烦人。

启功佩服汪容甫。汪容甫这人学问了得，待亲至孝，但应该是一个很狂的人。启功最佩服的只能是陈垣校长，但校长应该是个很严肃的人。也许启功不愿意这么说，反正这两位绝不是启功这样好接近、"随和"的人。其实传统士子，尤其是有真才实学的学人，一般都很有脾气。青眼、白眼的，就是这个脾气的传统。

本来嘛，学人一心致力他的绝学，唯一的目标就是学成，精力总是嫌不够，懒得理睬凡夫感受。启功顾及得比这些多，性格更复杂，是个异数，是个个例，值得细致地探讨。

那时，学校有个会议室，开始是张挂了一张长幅的毛泽东诗词，《满江红》"小小寰球"那首，是影印手迹，放得巨大，曾经是时代的特色。20世纪80年代，北京学院区的很多巨像被移去，这张手迹这时候也摘下来。学校说，启先生写一幅吧，地方空着，也不好看。

启功当面推诿了，其实是找理由坚决地拒绝。

那时候，启功给学生示范，六尺整纸一挥而就，即使更大些，又有何难。后来私底下听到启功的理由：那个地方，我不敢写。

那个地方，到第一届教师节的时候，还是挂了启功庆祝教师节的红竹图，但那是一幅画，也空了一段时间了，应该跳出了"李下"情景罢。

我觉得启功有一个修养本事，仿照"猪跑学"的叫法，可

书朱镕基诗，2001年

以叫作"夹尾巴学"。当然这是笔者小子恣意胡说。但尾巴对于人确实是没用的东西，翘来翘去只是个本能的没进化好的表现，不拿来翘应该代表文明进化的方向。

过去，学校有一个核心会议场，举行重要仪式或会议，名教授经常被叫来参加或列席。这些老先生总是先到，三三两两地聚谈、等待。有一回，也是这种情况，一位办会务的年轻人在台口拍着手，叫着："过来一下，我讲讲贵宾来了的注意事项。"老先生们不以为然，动作较慢。启功第一个快走到会务年轻人对面两三米，脚分开手背后，身体直立。令人印象深刻，只是到现在也说不出，启先生这么乖，是积极配合，还是略有微讽。

《启功书画集》的首发仪式，在人民大会堂举办，是一般讲话加发言加照相的形式，可能是当时最高规格的首发形式。来宾有领导，书画界大家，社会活动大家等。启功应要求，坐在主席台的大沙发上。仪式近3个小时，别人都深深地、怡然地坐着，只有启功，抱着拐杖，始终跨着一个沙发边儿。

这样子的谦虚和恭敬的态度，好像小步急趋的古礼。会场熙熙，启功以为大家感觉如何？大家在乎吗？

自制需要一个神经强健的前提，儿童或病人就自制力不足。可见，自制对一个人的重要。所谓"夹尾巴"，是做人神经强健的特征。

相依四十年，从来无吵闹

启功的夫人，姓章佳氏，讳宝琛，满族。启功的婚姻是所谓"包办婚姻"，夫妻两人的感情始终相好，人所共知。满族人家的姑娘，比汉族家女孩儿，在家里更有地位，在社会上也不让男人，不缠脚即

20 世纪 50 年代，启功先生（左）和妻子、母亲、姑姑的合影

是一件。这个原因，可能跟满族姑娘要选秀女，有提升家庭地位的概率有关。满族姑娘与兄弟之间，关系平等，不同于汉人。社会上，满族姑娘甚至有"拜把子"的习俗，相互以年齿为序，称呼居然是"大爷""二爷"。由此可见，章夫人比我们想象的，要更有承担。

启功记述说夫人贤惠，我们容易往"能干"方面去想，怕你冷、怕你饿一类。但启功指的，也许更应该是"大度"，有正主意，是堪为主妇、正妻，可大化为母仪的那种品德。

启功由母亲和姑姑拉扯带大。婚后，到了老人需要孝敬的时候，夫人照顾了启功的母亲和姑姑，而启功做事养家。"贫贱夫妻患难心"，是两人的感情基础。启功有《痛心篇二十首》，其中说："相依四十年，半贫半多病。虽然两个人，只有一条命。"朴实的语言，寄托

诚挚的感情。这个主题，启功反复写过，都是无限悲怆。

在口述历史中，启功深情地述说了夫妻之间的情深意切，以及对妻子至深的感激之情：

> 我的老伴叫章宝琛，比我大两岁，也是满人，属"章佳氏"，二十三岁时和我结婚，我习惯地叫她姐姐。我们属于典型的先结婚后恋爱的夫妻，婚后感情十分好。她十分贤惠，不但对我体贴入微，而且对我的母亲也十分孝敬，关系处得十分融洽。我曾在纪念她的组诗《痛心篇》二十首中用两首最直白，但又是最真切的五言绝句这样记录我们之间的亲切感情：

> > 结婚四十年，从来无吵闹。
> >
> > 白头老夫妻，相爱如年少。
> >
> > 先母抚孤儿，备历辛与苦。
> >
> > 曾闻与妇言，似我亲生女。……

> 特别令我感动的是，我母亲和姑姑在1957年相继病倒并去世，那时政治气候相当紧张，为了应付政治运动，我不得不把大部分精力投入到社会活动中，重病的母亲和姑姑几乎就靠我妻子一个人来照顾。那时的生活条件又不好，重活脏活、端屎端尿都落在她一人身上，如果只熬几天还好办，但她是成年累月地忙碌。看着她日益消瘦的身体，我心痛至极，直到送终发丧，才稍微松了一口气。我没有别的能感谢她，只好请她坐在椅子上，恭恭敬敬地叫她一声"姐姐"，给她磕一个头。

后来母亲和姑姑相继去世，时令不好，启功和夫人搬进了章夫人弟弟的家里。启功内弟的家，这地方是北京小乘巷胡同，所以启功雅号"小乘客"。有一回在"小乘客"后面，启功自注："不是石涛。"石涛名号混乱，大涤子、小乘客等等。小乘，其实也不是说启功的信仰。启功皈依，应该是大乘。

启功搬进内弟家，与汉人的情况不太一致，满人是很重内亲的。这容易理解，因为家里重姑娘，而主妇即是岳父母家的姑娘，自然就会重内亲。例子有，据说康熙殡天时，就只有隆科多在身边。隆科多，即康熙的内弟。启功临去逝，健康情况有一个陡然的下降。因为在启功之前，相处多年的内弟章宝珩老先生过世了。按说启功已经年过九旬，多少老人对亲人故旧的离去是不知情的。启功不可能，虽设法遮掩，不能隐瞒。

启功日记，保存了夫人病重情状与记录。启功在中华书局校书的一段时日，真是"贫贱夫妻百事哀"。夫人去世，社会正是后浩劫时期，启功一生情感多次为丧亲摧残，神经强韧，也不能不再次丧心，神情具为之空。启功在医院环境，必须背着人为老妻诵经，可以说是这位平易老人豁出去了。

诵经见心，此外实在是莫可如何。那种处境，人依然是至情至性，可知活的意义更在精神，至今设想，教人三叹。

夫妻是人伦第一。夫人与启功相处同心，夫人过世后仍然长期牢牢地记在启功内心，启功自言："经常在梦中追随她的身影，也经常彻夜难眠。"夫人的五年忌日，启功还要"别来无大过"地反省，如对生人。

启功的精力，总是在那些书籍字画上面，夫人自然清楚。"文革"中，启功很多学术东西抛弃了，夫人不舍，偷偷地把启功的画，撕掉装裱的边轴，藏了起来。夫人去世后，启功才偶然翻出。这怎能不使启功睹物长叹。夫人去后，启功更加沉浸书画。启功甚至宣称："作书之事，今在老夫手中，饮食之外，重于男女。"

笔者一直向往三四十岁时期的启功，想象如果有这么位朋友，该多么有趣、有益。可惜时光如栅，隔人以远。遥想启功当年，结褵正好，丰华才茂。这样人物，没有人向往吗？现在的女生喜欢这样的男子吗？当时有什么逸事吗？启功那时候在学堂，教书教画，有一些女学生，都是社会新派。而那时候的社会，有郁达夫、徐悲鸿的故事流传，天赋人情获得一些宽容。

然而，启功没有故事。

第二章 ｜ 吉：一九三三至一九五二

我永远难忘陈老校长对我的似海恩情，永远难忘在辅仁大学度过的美好年华，那古色古香的主楼建筑，那典雅幽静的后花园，那装饰简朴的教员休息室，还有陈老校长「一指禅」的音容和「教师」「官吏」的话语，直至今日还常在我的眼前和耳畔浮现缭绕。我珍惜这段美好的时光！

辅仁岁月

在启功家族故交，看到"寡媳抚育孤孙"而有心援手的士绅中，有一位傅增湘先生。傅先生做过民国教育部总长，是著名的藏书家。由傅增湘先生介绍，启功带着自己的文章和画作，拜见辅仁大学陈垣校长。陈垣先生对启功做了"写作俱佳"的判断，肯定了青少年时期启功上学及拜师的程度，慨允启功进入辅仁执教。这是决定启功一生的大事。却也是好事多磨，一波三折。

启功初来辅仁大学，21岁，是涉世之初。启功在这所大学传奇地三进三出，是其人生的一段佳话。事涉启功一生的"贵人"陈垣老校长，和"玉成"启功的辅仁大学教育院长张怀先生。

陈垣(1800~1971)老校长，字援庵，广东新会人，著名史家。早年曾任民国众议院议员，教育部次长，故宫博物院理事。陈垣先生是辅仁大学唯一的校长，长启功32岁，对启功多有栽培、教导和提携，是独具慧眼造就启功的贵人。启功一生以老师、父亲之礼事之。

1959年，陈垣先生

张怀先生湖南人氏，早年参加新民学会，参与"驱张运动"，与许多著名革命家同学。后来，张先生随一起运动的同学出国，勤工俭学，皈依天主教，考了外国博士学位，回到天主教教会创办的辅仁大学执教。

陈垣老校长既然看中启功，1933 年暑假结束，就请他教辅仁大学附中的国文。两年之后，张先生分管附中，发现启功没有大学文凭，依照相关规定，辞退。这是第一次进出。

这两年，也是陈垣校长观察、检验启功实际才学的机会。老校长再判断，还是认为启功的水平能够胜任，马上聘请启功教辅仁大学美术系 —— 由附中转到了大学。命运是张先生一年后又分管了美术系，再因没有文凭，第二次将他辞退。这是第二次进出。时间到了 1936 年夏天，启功没脸告辞陈垣校长，自己再被辞退，默默回了家。

老校长倒是惦记着启功的事，认为这个青年一定有前途，三请他到国文系做教员 —— 这回派一个青年教师去找启功。读书人照例是要谦让的，启功对来人说：我担心自己不能胜任呀。不意来人不再接话，推荐了一个自己朋友给陈垣校长。这样就空了两年，期间日本占领了北平，启功靠教家馆、卖画的日子更见艰难。

1938 年暑假过后，陈垣校长第三次招启功到辅仁大学，这次是做陈垣校长的助教，启功如盼甘霖地接受了。而那位并无私怨的张先生，可能是烦了，可能是管不着了，终于不再出现。启功于是跟着陈老校长凡 39 年，三进辅仁，之后并入北京师范大学，直到老校长逝世。

进入辅仁大学，启功从一个学养良好的志学青年，开始自立养家，逐步建立自己的学问体系。启功一生对陈垣先生诚心感激、敬佩加崇拜。有人说模仿是最大的恭维，遇到陈垣先生，使启功坚定地要成为陈垣先生那样学问立身的人。

启功到辅仁大学，第一个认识了大自己 10 岁的台静农老师。之

1947 年 12 月, 陈垣先生率启功等弟子在什刹海踏雪寻梅

1947 年 12 月, 在"烤肉季"用餐, 左起: 柴德赓、刘乃崇、启功、陈垣

后，交好的还有余逊、柴德庚等青年教师。启功和他们，一起被称为陈垣校长的"南书房行走"。对这一雅号的由来，启功在口述历史中有详细解说：

当时（辅仁大学）文学院的年轻教师有牟润孙、台静农、余逊、柴德庚、许诗英、张鸿翔、刘厚滋、吴丰培、周祖谟等。这些人年龄差不多，至多不到十岁，之间可谓"谊兼师友"，经常在一起高谈阔论，切磋学业。抗日战争爆发后，好多位相继离开了辅仁，剩下关系比较密切的只有

启功与恩师陈恒

余逊、柴德庚、周祖谟和我四个人还留在陈校长身边，也常到兴化寺街陈校长的书房中去请教问题，聆听教诲。说来也巧，不知是谁，偶然在陈校长的书里发现一张夹着的纸条，上面写着我们四个人的名字，于是就出现了校长身边有"四翰林"的说法，又戏称我们为"南书房四行走"。

这些人，或者在学界已经成名，或者是当时中央研究院院士的儿

子，或者是北京大学研究生出身。启功因学历被两次辞退，能与这样的一时才俊为伍，得到陈垣校长赏识，内心憋着的努力向学、做出成绩的劲儿，是可以想象的。

有一首歌儿，叫作《长大后我就变成了你》，是写老师的。文化一直就这么承传，而那没长大先整老师的风气是逆流；长大后我就能够接替你，成为你那样的人，是文化延续、文明正脉。启功果然很好地接替了老师的品德和学养，甚至变得比老师影响还大。

启功先生后来描述自己在辅仁大学的20年时间，认为是自己一生中最快乐、最充实的时间。

> 辅仁大学内给我印象最深的地方之一是教员休息室，那里可以称得上是真正的"学术沙龙"，大家自发地在那里组织各种轻松自由的读书会。大家都愿意早来会儿，晚走会儿，或者干脆特意到这里坐一坐，海阔天空地聊一聊，来的又都是各专业的专家，无拘无束，没有一定的话题，没有固定的程序，大家就最近所看的书，所发现的问题，随便借一个话茬就发表一些见解，各说各的，用不着长篇大论，三言两语，点到为止，反而更显真知灼见。即使有时有不同意见，谁也不用服从谁，平等交谈，说完即止。有的话题大家都感兴趣，也许会持续说好几天，有的人会回家查查资料，第二天继续说。有的话题是本专业的，发表意见的机会可能更多；有的是非本专业的，听起来更觉新鲜，也会有很多收获。比如，当时李石曾之子李宗侗翻译了一部摩尔根的《世界古代史》，在学术界影响很大，成了大家一时的话题，大家都纷纷发表意见，我也从中了解了西方史学家的史论，确实人家有人家的一套，值得借鉴，就连陈校长也受到影响，赶紧找来

看。这也再次证明陈校长思想一贯开明开放，虽然他是搞中国古代史的，但他绝不死守一面、故步自封，还时刻关切学术界的最新动态。

有时教员休息室又会变成书画展览室，老师们会把自己的书画作品陈列在这里供大家观摩。余嘉锡老先生爱写隶书，有时将自己的作品拿到休息室，用图钉钉在墙上展示一番。一次我花了12元，买了一张破山和尚的条幅"雪晴斜月侵檐冷，梅影一枝窗上来"，也挂到休息室供大家欣赏。正巧，陈校长推门进来，看了十分喜欢，便开玩笑地对我说："你这是给我买的吧？"我当然连声说："是"他便高兴地"笑纳"了。我开始还有点舍不得，后来一想这也叫物归其主，因为陈校长历来喜欢收集和尚的书法作品，并且深有研究。

在20世纪三四十年代，琉璃厂有一位开南纸店的王老先生，注意到经常来街上淘书、淘字画的青年启功。王老先生跟身边亲近的人表现自己见识的高明，预言启功活不过30岁去，理由是用功过度、奋不顾身。这个预言在20世纪90年代由王老先生后人写进回忆文章，这生动具体地说明了启功初到辅仁大学的努力程度。

辅仁大学期间，启功经历了抗日战争，3年解放战争，共产党建立国家，院系调整。启功在这20年间，在学术和绘画事业上，已经达到成名成家的地步。从一个拜师私学、中学肄业的知识青年，30岁成为辅仁大学讲师，35岁成为故宫专门委员、辅仁大学副教授、兼职北京大学副教授，40岁成为文化部考古训练班兼职导师。从辅仁大学留下的一些旧照片上看，20世纪40年代中后期，启功和几个同是30多岁的副教授，经常围在60多岁老人陈垣校长身边。或者烤肉季里纵酒论学，或者旧宫园林访梅踏雪。陈校长是名人硕儒，据后来启功念叨，有请客标准每人一百元大洋的时候。年轻学人什么风采呢？大雪微茫的什刹海畔，陈垣校长身边，女教师是烫发短靴，掐腰呢裙，手里捧着雪球；启功等男教师是眼镜油头，皮鞋袤衣，顾盼之间，意气风发。

1934年，辅仁附中教书的次年，启功加入爱新觉罗宗老组织的松风画会，得号松壑，日与溥心畬、溥雪斋、溥松窗等文化名宿交游，也接触张大千、齐白石等艺苑闻人，艺事得以大进。

这个阶段的最后，45岁的副教授启功，随辅仁大学并入北京师范大学教书，参加了当时画界最高水平的书画展览，在鉴定方面，已经担任故宫博物院专门委员10年，经见广而年纪轻。以现在教育程度大为普及的时代比较，如此人才，也是寥若晨星。

四个口袋

这里有一个启功自报家门的材料，交代自己的所学。还是很形象的说法，平时研究的问题，被分装进"四个口袋"。这是一篇奇文，全文引来一睹。

《关于"四个口袋"问题（抄存）》大字报中，周纪彬及沈藻翔等部分老教师的大字报中，都谈到过我的"四个口袋"问题，现在详加交代（时间可能有出入）：在约62年（笔者注：1962年）近夏时，旧总支提出所谓发挥潜力的号召，叫老教师们各自贡献"所长"，订出科研计划，并先谈每人擅长什么，想做什么？把各老教师分成几个小组来说，我的一组是刘盼遂、杨敏如、李长之和我，在刘盼遂家开的会。我说我的知识有四个方面，我这四个方面积累的材料各置一处。因平时有些零星札记或草稿，常放在纸袋中，所以我用"口袋"代表这四堆材料。我说我有四个口袋（其实纸口袋很多，每一类并不止一个口袋），这"四个口袋"一是古典文学的一些心得如注释等，包括拟作的诗律研究等；二是关于书法方面的笔记，这方面拟写关于怎样写字的文章；三是文物鉴别方面的笔记，如烦琐考证的《兰亭帖考》；四是清代掌故方面的，这方面写成《读红楼梦札记》。我这时的思想，是想表露我的"专长"，使人知道我擅长的方面多，也是想在这几个"市场"贴广告，以便将来出卖自己这些罪恶的货底。当时并没听到那时旧总支的当权人物有什么回音，也没人告诉我"批准"我或"指示"我在哪方面着力。今年在大字报上才看到刘漠对于我这"四个口袋"的说法很欣赏。我现在觉得刘漠这样的黑帮分子对我这种表现的欣赏完全是合逻辑的，因为我的腐朽的一套罪恶货底，正合他们的口味，他们曾拿了我这说法去毒害青年学生，我有一份罪恶。即使他们没把我的话向同学去说，我只按照我这方向去作文章发表出来，已经罪不容逃了。我那种"治学"观点，"治学"方法，名利思想等等，应该详加检查批判。现在为了交代这事的情况，先写出经过如上。1966.10.30 写，12.10 交。

时过境迁，不可磨灭真实的历史场景。自 20 世纪 50 年代开始，经常要填表格、报告思想。启功每填一份，都会抄录一份，也存入自己的一个"口袋"。上文，即是一份交代材料的抄存件。这份材料，无比真实地反映了启功自辅仁大学开始，教学、研究工作的广博仔细，勤奋和认真。文中记述，大字报上说的那个惹火上身的人，过去曾经欣赏过启功的学问口袋。启功争取主动，写出交代。此文的原件当然是交了，这里是启功自留的抄件，见得认真和谨慎。还有，由"写"到"交"，等了 40 天，也记录在案。给人感觉，就像孩子们跳大绳，准备钻

青绿山水册页一帧，1943 年

补桐养疴图

墨荷

米颠拜石

进跳过，寻找抡绳人节奏的心理状态。

这些口袋显然缺了艺术创作的内容，起码还应当有书法口袋、绘画口袋和诗作的口袋。这些在那时，对一个大学中文教授，是不务正业，才未提起。尤其是绘画，"反右"之后，启功于此道已经心如死灰。这样运动的大风，也吹它不起了。

这些大量的口袋，直到启功先生逝世以后，编辑《启功全集》的时候，还都存在。最早的笔记和草稿，形成于初到辅仁大学的时期。后来整理启功遗著，还把它们成箱地翻理出来。"文革"前的，全部是墨笔小楷，字字工整，稿子页面大大小小，并不整齐，有些文章保存了七八稿的修改草本。岁月尘封，记录无数时日的窗前灯下。古训有业精于勤，这些口袋证之。启功当时交代的内容，原原本本。奇怪的是，读起来整个颠倒的口气，并不影响理解内容。无怪乎有些电影演到历史的时候，影像忽然就变成负片，黑白反转，却一样能看。

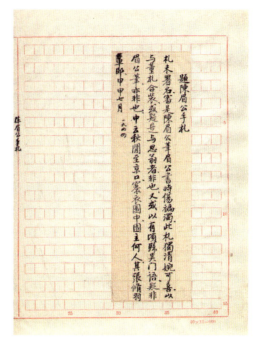

题陈眉公手札

这些装口袋的习惯，启功始终沿用。开始时，时有花笺、八行的传统稿纸，稿子的题前或款后，也会加用印章，是艺术品。中间阶段，常使用很薄的学生作业本，不太讲究了。后来到了晚年，多了些塑料皮本儿。这些笔记随时代推移，逐渐地多了硬笔的手迹。老来的一些本子，分类也不甚清晰了，属于随手就写。常常一个本子没有写完，就开始另一个。不过可以看见，出于习惯，也是开始一个本子，总是鼓起一次心劲，在扉页题上"兔年手迹"，或者"勤笔兔思"一类。本子的内容，有一些文章的构思，一些材料的笔记，还有断续的日记，有诗作和题跋的草稿，和一些字债的记录。

结字定律

我们传统的学问，文字是根基。启功在文字的形和声两方面，各发明一个"定律"。说是"定律"，是就结论的明确和推出结论的方法理性而言。虽然是文字、语言问题，而立论如科学论文的严谨，用归纳的方法，把所有的例子都试过，"竭泽而渔"，得出一般而明确的结论。叫作"定律"，并不为过。

第一个定律，是结字规律 —— 中国字并不横平竖直，而且有四个"中心"！启功的第一本专著《古代字体论稿》，经历 30 年酝酿，到 50 多岁时出版。这是字形研究中为数不多，专论字体的一部书，其中对 4000 多年来出现过的字体，主要对变化的过程、名称和实物的关系进行了梳理，廓清书法研究中的许多基本概念。

书中认为，在我们熟知的秦篆和汉隶之间，有一个字体从圆笔到方笔变化的"中轴"，将字体发展分为两大阶段。并且预言了秦代墨迹的出土，断言那将会有方笔写篆的特点，是隶书从篆书中变化分离的肇始。这个预言，被后来湖北睡虎地《秦律》简的出土所证明。由此可见，启功对中国字体变化发展，近 5000 年连续不断，复杂多样这些"家珍"的熟悉。

从十几岁开始，启功一生沉浸于书画，迹近痴迷，曾经用各种方法实验过"书法"的"美感"。这样地沉迷故纸，视为"心房脑盖"，是件奇怪的事情，不足与外人道也。因为字形的美感是高度抽象的，不像绘画那样，它没有自然的原形来做比较，也不像几何图形那样，用机械的、规律的标准来要求。书法是中国艺术独有的美感，不使用汉字的人难以理解。即使今天不关心这个问题的中国人，也常常感叹，看不出究竟哪家的书法更好一些。字形的美感，是一个有机的、适应人心的标准。书法是人手书写的，有几千年的历史文化，长期反映在人

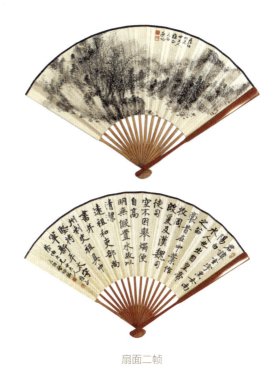

扇面二帧

心里，在字的美感体会上，标准与看"美人"有些相同。在以上研究的长期过程里，启功发现了结字定律。这个定律的前提，是书法中最基本的楷书。

　　启功的实验有：从研究历代名家入手，把字写得更机械平均；写得更飞扬花俏。还有沿字的中线轨迹，使字更瘦，只研究笔画。把公认的名家字迹剪开笔画，重新组合。运用西方构图学的规律研究布局；运用数学比例的方法研究长短。赵松雪说："书法以用笔为上，而结字亦须用工。"启功偏偏不信，因为启功孜孜于字形的美感规律，顾不得松雪说话的前提。小子放肆，窃以为松雪、启功各执一端，原因是对象的不同：松雪所说是对结字用笔如同吃饭的古代高手，启功心系"美感"，沉于寻找规律，以期金针度人，致有分别。

到启功近 70 岁，顿悟式的，"苹果"掉下来了。关于汉字的结字，第一个重点是发现了"中心"不是一个，而是四个！哈哈，这也太中国了。只有启功这样身在现代，心不离古典的学人，能够得出这种结论，而且暗合中国画散点透视，一幅画满是"中心"的传统美学。启功还运用了黄金分割的数学比例，配上了插图，这都是赵松雪所不会的。把传统习字的田字、米字格，改造成了自家品牌的回字格。第二个重点，组成汉字的笔画，不是"横平竖直"的。横笔画向上翘，竖笔画有向背，因为这是人手结构的必然，人人同此所以也进入了人心。这像极了一个心理学结论。心理学发现，一个人眼睛里长方形的中心，总是比几何中心略向上。那是因为我们看美人的焦点，也比中心向上。

笔者就是头脑简单，没有灵气。一直以为，字的最高标准就是"整齐"。所以才认认真真写 20 年美术字。加之，幼时文化环境也太孤陋，大标语和宣传栏就是字帖，那是暴力美学，是受铅字影响。不难理解，读启功的书，不啻

书姜白石诗句　1940 年

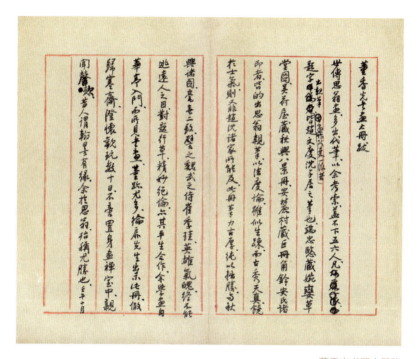

董香光书画大册跋

黑屋打碎，一层窗户纸捅破了，一个鸡蛋立在桌面上了，使人一下就接受了。

有一回，启功私下聊书法，依然是那样的形象思维，语妙神飞。说起刘炳森的书法，启功先生想像说，要是把一个不同时，同大小的字搁灯底下对着，怕是能重合吧。想来，启功所指，是在说书法的欣赏。我的心不禁发紧，一个理想境界垮塌了。

说到如今电脑用的"启功繁体""启功简体"，无疑是一项大功德。不过字库就是机械算子，不是横平竖直也是机械算子，字排小了、多了的时候，效果不甚理想。

声律定律

第二个定律，是关于汉语声调——中国话像火车开过一般铿锵。这种抑扬的、铿锵的语言，发展到律诗，就形成规律确定的格式。这格式就是诗的"格律"。那不是规定，是平仄有机排列的必然。启功由此推导出律诗的格律，指出格律的本质。

启功的第二本专著《诗文声律论稿》，写厚删薄，几易其稿。直至终于成书之后，"文革"开始，稿子又反复修改 10 年。到晚年，启功对这本著作，还在修改。有启功小楷誊抄，油印的好几种草稿。

书中提出一个汉语声调的基础。汉语的音节规律，就像火车开过，富有铿锵顿挫的节奏。过去古时前人对于诗、词、曲的声调格式，常是凭硬记的。而启功发明的"竹竿"理论可以弥补这方面的不足。

即以五言为例，公认有四种基本句式，即 A 句式：仄仄平平仄；B 句式：平平仄仄平；C 句式：仄平平仄仄；D 句式：平仄仄平平。如果我们两字一节地把无限循环的平平仄仄排成一个长竹竿："平平仄仄平平仄仄平平仄仄……"，则会发现 A 句式是由第三字截至第七字而来（第七字至第十一字是它的重复），B 句式是由第一字截至第五字而来（第五字至第九字是它的重复），C 句式是由第四字截至第八字而来（第八字至第十二字是它的重复），D 句式是由第二字截至第六字而来（第六字至第十字是它的重复），也就是说只要挨着排的从这根竹竿上截五个字，只能截出以上四种句式。再换句

竹石图

话说，如果你记不住五言格律的形式，你就从这竹竿上挨着排地往下截好了，再怎么截也是这四种形式。至于七言，只要在这四种句式前加两个与它相反的音节即可。

可以想象，每组两个轮子，每节车厢两组，依次通过钢轨接缝，咣咣当当、咣咣当当，写起来平平仄仄平平仄仄。又因为如此延续，不拘句长，可称为文字竹竿。好听的句子是在这竹竿上截取的。其截取的方法，以五言为例，不外四种。固定组合四种句式，就成为绝句的规律：仄仄平平仄，平平仄仄平。仄平平仄仄，平仄仄平平。先得出上面的基本规律，是诗文声律的集中表现，再推广这个定律，直至所有诗文。推论的过程是逐类扩展，由五言绝句推及五言律诗，再加两个字推及七言绝句和七言律诗，再推及四、六言，推及词曲，由经典文章为例推及骈文，推至散文。

这种完全归纳，推及汉语文体，证明结论的方法，是科学的归纳法，也是启功几次说起陈垣先生教导的竭泽而渔的方法。这方法的严格使用，以启功一篇汉语语法的论文最为有趣。此文中，启功以王维的一句诗为例，研究汉语语法的灵活。

王维原句是：长河落日圆 —— 写得有诗意

启功拟写了：

1.河长日落圆

2.圆日落长河

3.长河圆日落 —— 认为可用；

启功还组成了：

4.长日落圆河

5.河圆日落长

6.河日落长圆

7.河日长圆落

8.圆河长日落

9.河长日圆落 —— 认为可以救通

这五个字可以颠倒成十个句式，前三种为："河长日落圆"，"圆日落长河"，"长河圆日落"，这三句虽有艺术性高低之分，但语意上并无差别，句法也都通顺。第四种到第九种为："长日落圆河"，"河圆日落长"，"河日落长圆"，"河日长圆落"，"圆河长日落"，"河长口圆落"。这几句就不能算通顺了，但只要给它们各配上一个上句，也就是说把它们放在一个特殊的"语境"中，它们仍可以起死回生。就像从前有人作了一句"柳絮飞来片片红"成了笑柄，但有人给它

古董文敏書羅景綸語及東坡養生言二段，款稱
書於詹府署中，撥公崇禎四年起，為禮部尚書掌
詹事府事居三年屢躓，乞休。此冊書癸酉為崇禎
六年，公輦七十九歲。豐年即致仕，意存引退，故念山居之樂，
景迫桑榆，故慕養生之言。信手為書，心曲著揭，不待
察其筆法，徵於題跋，已可識為更靜興到寄意之作。翰
墨筆姿墨彩，紛披洒落，又具起神入化之妙乎。夢樓
其蒼深渾雅天真爛漫實能道出文敏精詣
論書每拈品韻不尚考據跋中雖以為不經意書耍
欸雨堂題跋中跋董書之作亦最多，蓋知文敏者莫
狀雨堂題跋中跋董書之作亦最多，蓋知文敏者莫
夢樓若笑今烽火之餘名述日燼海王邨畔遞近
此冊不啻足音跫然，其紙質密栗鄰於宋藏經箋
尤可愛也。甲申秋七月，元白啓功記於燕市寫廬。

董文敏书罗景纶语及东坡养生言跋

配上一个"夕阳返照桃花坞"的上句，它也成为妙句一样。比
如我们为"长日落圆河"配上"巨潭悬古瀑"的上句，那么它
也就可以讲通了。因为"长日"可以作"整天""镇日"讲，
"古瀑"的"古"字可以作"由来已久"讲，"瀑"是落下的
水，"潭"是圆的水，所以"古瀑"落在"巨潭"上可以比喻为
落在"圆河"中。其他五句也可以配上不同的上句使它通顺。

启功真把上面六句说通了，比如做了一个对子：巨潭悬古瀑，长
日落圆河。没忘了还可能有一句：河圆落长日 …… 这句启功觉得真
解释不通了，不能用。读者如有兴趣可以去翻阅启功《诗文声律论

稿》这本书。

　　这个"定律"，从简单集中的五绝，到八股文等散文，皆是。20世纪80年代，启功还从文章结构研究了八股文，写过一篇《八股文》的专论，引起同好专家的和鸣，是那个时代文风改变的一种声音。

　　启功大著，这里只是简说，挂一漏万，搜读原著不难。启功的著作，行文浅易，不故作高深之论；论证严格，像理科的证明论文。这两个结论鲜明的"定律"，很能代表启功学问的特色。

第三章

否：一九五二至一九七八

茫茫何地寻先垄，枯骨荒原到处投。
狐死犹闻正首丘，孤身垂老付飘流。
鲲鱼岂受常开眼，为怕深宵出睡乡。
梦里分明笑语长，醒来号痛卧空床。
不管灵魂有无有，此心终不负双星。
君今撒手一身轻，剩我拖泥带水行。
为我殷勤劝元白，教他不要太悲哀。

坎坷命运

1952 年，全国高校院系调整，教会学校尽皆停办，辅仁大学全部并入北京师范大学。这是启功生活、工作发生较大变化的第三阶段人生。是 20 年的历尽劫波，君子豹隐。大扼大成，令人唏嘘。院系调整前后，启功参加了三反五反、土地改革等运动，思想上努力从一个封建遗老向社会主义改造。业务上，钟爱的绘画事业和体系习惯的教学活动也要适应苏联专家对高校的指导。

"反右"之前，学术尚有一些自为，周恩来聘请叶恭绰先生组建北京中国画院。叶恭绰找陈垣校长借用启功，协助筹备中国画院事宜。这是画界对启功的肯定，是启功早年当一位画家理想的实现机会，启功曾希望就此成为一位职业画家。画院甫成，旋即风云突变，启功也随叶恭绰，1958 年被补划"右派"。成为"右派"后，启功离开画院回到学校，职衔工资降级，不许再登讲堂。参加"反右运动"，就成为其后一连串的境遇之始。

1952 年到 1956 年，启功的思想改造还是过关的。一是没有什么反动组织背景，"旧文人"而已，可以改造利用。二是本人态度端正，改造表现规矩认真。在这一阶段，启功被选为北京市政协委员，参加了九三学社，重新被聘为新的故宫博物院绘画馆专门委员，成为中国美术家协会会员，与王朝闻等兼任《美术》杂志编委，与华君武等兼任《人民日报》美术顾问。虽然没有启功回忆成为"右派"的心理感受记录，但根据几个当时的同事回忆，启功因为被划

"右派"，曾经失声痛哭。启功多次说过，不愿意回忆过去，"复习痛苦"。启功的被评为"右派"，当时也清楚，就是"没有现行"。启功曾经说过："但凡了解一点我的人都知道，

20 世纪 70 年代，小乘巷留影

不用说给党提意见了，就是给朋友，我也不会提什么意见。"

成为"右派"是启功人生遭受的一次沉重打击。有人说，启功在运动中受冲击并不激烈，理由是启功"右派"1959 年即"摘帽"，成为较早的摘帽右派。后来 1966 年抄家时，图书资料也只是被学生"封"了。启功没有挨打，只有陪斗，似乎不应该抱怨。这里面有现实人生的实际真相，也有具体环境和人心。一些人狂热，一些人盲从，一些人愚蠢，一些人看透。启功作为旧时代过来的封建官僚出身者，也有逐渐能够应付的处乱之智。大人虎变，君子豹隐，柔顺既可以不合流，也可以不浇油。清人《曲诚说》讨论过现实人心："处治以直，处乱以曲。"强调曲不失诚，这是清人坚持道德而谨避妄灾的智慧。文章结论说："忠告以直，善道以曲。""方圆委蛇，依然丈夫。"

启功在"反右"以及后来"文革"中的经历，应该说是"时代与启功的共谋"，意思是，人有不能调整环境和他人的时候，却有调整自己的自由。这自由是开启心灵的最大腾挪限度，不忤逆也不放弃做人的原则。"反右"之前，启功的母亲、姑姑相继离世。启功对妻子说："咱们不冤，咱是封建余孽，资产阶级都不放过咱们，何况无产阶级。幸好母亲和姑姑去世了，不然还不吓坏！"

1973 年，标点《清史稿》同仁合影，启功藏，并亲笔附注了合影人名

闲章：草屋

接下来的"文革"十年，启功是有准备的，心理上对再次打击的程度就比较能承受了。他不终止自己珍爱的书画和学问事业，只是比较收敛，比较低调。启功曾刻制一方写字的闲章，叫作"草屋"，私下钤盖在书作上自遣。草屋，什么意思？对于启功这样的古典文学教授，您可能想到陶渊明的《归田园居》："方宅十余亩，草屋八九间。"这是要归去逍遥吗？不，这是暗指"八九间"—— 黑五类、臭老九这第八、第九类人之间，提醒自己是一个不合时宜的人物。

那些年，启功的智慧，肯定不是看上去智慧的样子，而是做到了那个时代要求他看上去应该是的样子。命运虽然难算，但天愿缘自人愿，到了 1972 年，启功奉调到中华书局标点《清史稿》，相对地庶几逍遥 6 年，熬到这个阶段的结束。

1975 年，夫人章宝琛多年贫病，依依不舍，终于撒手人寰。启功孤老多病，孑然一身，命运到了最黑暗的时候，也到了否极泰来的时候。

兰亭论辩

有一件"兰亭论辩"的公案，以学术搞政治，启功被动地发表规定的观点，列名期间。到现在，这件事还常常被人提起。最醒目的说法，是说郭沫若老同志依仗康生，压服了小人物高二适。毛泽东一直在关注这桩"笔墨官司"。而启功拉偏手，站在势力大的一边。这是一次发动又没有蔓延的运动，应该以参加运动每个人的态度来看这件事。

这段公案，启功在其口述历史中叙述了其原委：

当时郭老住在什刹海，钱杏邨先生（阿英）住在棉花胡同东口，郭老就让钱杏邨找我谈话。

我记得非常清楚，那天是星期五。钱先生把我叫到他家去，我一进门他就神秘兮兮地把我拉到沙发上，用非常郑重的、真诚的口气对我说："我告诉你，我们这次是推心置腹的同志式的谈心。你这次必须听我的，事关重大。"我看他那神情，听他那口气，也知道事情的严重性，就赶紧问："您这说了半天，到底是什么事？"他才说："你现在必须再写一篇关于《兰亭序》的文章，这回你必须说《兰亭序》是假的，才能过关。"我连忙问："这是为什么啊？"他才把事情的背景和郭老托他来找我的前前后后都给我说了一遍，等于是跟我交了底。我听了暗暗叫苦不迭，心想我原来是不同意随便说《兰亭》是假的，一直坚持现存的定武本和唐摹本都是王義之原作的复制品，这可怎么转弯啊？但形势已经非常明显，这已不是书法史和学术问题了，而是把学术问题政治化了，而且是"钦点"要我写文章。从钱先生家回来，我仔细研究了郭老的文章，终于找到一个可以转身腾挪的棱缝。郭老的文章中有一个明显的漏洞：他认为王義之的《兰亭》应是方笔的，否则是假的，但王義之流传下来的作品

《鹧鸪天》二首

《寄调贺新郎·癖嗜生来坏》1972 年

不仅《兰亭》一种，如在日本发现的《丧乱帖》，它是唐人根据王義之真迹勾摹的，也是那种柔美的笔法，这该怎么解释呢？郭老只好说《丧乱帖》和北碑体的"二"碑《爨宝子》《爨龙颜》"有一脉相通之处"。郭老当时这样说也许言不由衷，但这明明是不符合事实的，对碑帖稍有涉猎的人都知道

启功临《兰亭序》1974 年

　　这二者截然不同，毫不相干，非要说"一脉相通"那无异于
瞪着眼睛说瞎话。好，我索性就在这上面做文章，让明眼人
一看就知道我是在言不由衷。我于是写道："及至读了郭沫
若同志的文章，说《丧乱帖》和《宝子》《杨阳》等碑有一脉
相通之处，使我的理解活泼多了。"抓住这一点，我的思路果
然"活泼"多了，四千多字的考辨文章当天就写好了，题为
《兰亭的迷信应该破除》。晚上阿英就派人取走，直接送到郭
老家。郭老一看大为高兴，第二天（星期六）一大早就把稿
子交给光明日报社，第二天（星期天）就见报了，可见它是
一篇特稿。

　　那时候，相信人是政治挂帅的，做不成人，谈不到什么学术。关
于启功的作为，核心还是要看原本的文章。

　　启功的文章发表于《文物》杂志 1965 年 10 月号，标题是《〈兰
亭〉的迷信应该破除》。文章分四个小节。第一小节说自己的认识过
程。那时候的人都在"提高"认识过程，此后一年此风更盛。郭老同
志的观点有一半论据来自分析佛老思想，这部分启功缴械，不战而归
顺。启功说："我对于古代哲学思想史毫无研究，但曾读过《十批判

书》，得知作者有博大的研究和特出的见解。"自己这方面放弃发言权，只是承认权威，表示佩服。另一半论据，关于书法风格，是问题的关键。启功交代自己的认识起点，也是交代本来自己的观点。"书法风格变化，与其用途有关，例如报纸上的铅模字，无论大小，都与手写的文稿、笔记的钢笔字或毛笔字不同"。这是启功20世纪40年代发表《兰亭考》的观点，这里仿佛是重新清理，也仿佛是立此存照。

"我以为"，启功接着说，之后文意改道，复述郭老同志的观点，不论他是否事实。"及至读了郭沫若同志的文章 …… 使我的理解活泼多了"。启功依顺了命题要求的郭老同志观点。

其实，这篇命题作文到这里，只第一小节，已经作完了。下来是完善。第二小节开《兰亭》的玩笑，表一个态，也就是标题说的"破除迷信"。滑稽的是启功拿前人艳说的兰亭二十个"之"字不重样开涮，煞有介事地说："我曾教一小学生写一篇大楷，全写'之'字，居然也无一完全相同。"读来庄谐皆备，任君自取。三、四两节，基本在揉。态度认真，念叨细节，有小骂大帮忙嫌疑，所论是非，不再是关键。

"兰亭论辩"的全部文章网络易查，文物出版社后来结集的专书也容易找到。再后来，当年未公开的资料网络上也时有披露。很有条件想象当年的实际故事和情节。

有几个事实罗列一下，看能不能够这样说：其一，启功早在论辩十多年之前，有自己文章发表。文章与此文观点相反。写那些文章不是和什么人辩论，是多年研究，个人兴趣。又一，此文是应命写的。郭老找启功写文章附和自己，不是不知启功以前观点，正好相反，是要启功改成自己的观点。再一，写此文，启功被三次要求。开始，启功拒绝。拒绝的说法来自启功本人，也合常情，因为没有原因，一个人是不会改变自己的观点。启功后来答应照着写，自己提供的原因是，来人翻开了底牌，比郭老影响力更大。最后一条，此文发表的结果，郭老是满意的。文章过了郭老同志的关。

因此，启功怕事又被逼，开始令人同情，最后作了命题文章，敷衍了郭老。这逻辑也许始料未及吧。做先生，当然德行在先；是后生，天然就有后手。执白执黑，论是论非，我们为什么总是得胜，还是我们自以为是。后来运动未遂，转而它顾。要不然，论辩结果郭老也未必能够把握。

命不该绝的黎明

这里，我们可以重新读一读启功先生作于1977年的《自撰墓志铭》，体会诗人写作时真实的深心：

> 中学生，副教授。博不精，专不透。名虽扬，实不够。高不成，低不就。瘫趋左，派曾右。面微圆，皮欠厚。妻已亡，并无后。丧犹新，病照旧。六十六，非不寿。八宝山，渐相凑。计生平，谥曰陋。身与名，一齐臭。

1977年，启功在这个世界上的最后一个亲人，老伴章宝琛去世已经两年了。启功先生也到了先妻去世的65岁，一个人仍借居在章宝琛弟弟章宝珩小院的小南房里，自己开火吃饭。在一首怀念妻子的诗里，启功先生说："君今撒手一身轻，剩我拖泥带水行。"也是这个时期，启功先生把手里珍爱多年的康熙、乾隆旧砚等二十几件文玩收拾整理，捐赠给了祖籍辽宁省博物馆。不能说看不到希望，丧失了生存的勇气，但撰写墓志铭，当然是想到了身后。生命的火苗，到了最暗淡的时候。

这是一首三字经、数来宝一样直白的韵文，简述生平，意思明确。很多人都读出了风趣和诙谐，流传很广，30年后还真的镌刻在了启功先生的墓盖上。启功先生的学历只到中学，但他没说少年时代新旧教育交错，他读私塾，尤其用心于读经学画的经历。启功先生1944年在辅仁大学获得副教授职衔，直到1979年才获得教授职衔，期间如何迁延，也没有说。"瘫趋左"是为了交代"派曾右"的历

《痛心篇》(一)(二)，1971年

史，因为"了解我的人都知道我连给朋友都不会提意见"，所以是并无现行的"派曾右"。同样，传神的"面微圆"是为了衬托"皮欠厚"的自认，正应了行厚黑是厚黑者的通行证，承认皮欠厚是要脸

老妻病榻苦呻吟　寸截回腸粉碎
心四十二年輕易過　如今始解惜分
陰（一九七五年一月　其病乙見危篤）
為我親縫緞襖新　嬌絲絮不
周身備他小殮搜箱篋驚見衰
衣補綻勻
病淋盼得表姑來執手叮嚀託
四為我殷勤勞元白教他不要太
悲哀
君今撒手一身輕賸我拖泥帶水
行不管靈魂有無有此心終不負
雙星

夢裏分明笑語長醒來聲痛臥
空林鰥魚豈愛常開眼為怕深宵
出睡鄉
孤死猶聞正首立孤身垂老付
飄流落落何地尋先壟枯骨荒原
到霪歧
婦病已經難保氣弱如絲微裊
執我手腕低言把你折騰瘦了
把你折騰瘦了看你實在可憐煞
去好休息又顧在我身邊
只有肉心一顆每日尖刀碎割難逢
司命天神懇求我死他活

《痛心篇》及跋语

者的墓志铭。启功在挤公交车的诗词中也说过"上不去我活该"。
这首墓铭作于妻子去世两年之后，尚不能确定浩劫将过。举目世上
已无亲人，两年日子"拖泥带水"。作者当时尽捐身边文博长物，

《痛心篇》及跋语

诙谐之下的酸楚，与预感来日无多，都是稍作留心即可感到的。这个墓志铭不能预知即将来到的"迟来的春天"，对自己历史的态度和写法，是了解启功先生这个阶段最后精神状态很好的"自供"。

第四章 | 泰：一九七八至二〇〇五

「学为人师，行为世范」。这是我受北师大委托所题写的校训，我自己要身体力行，作出表率。

「尚争一息上竿头」。——我虽然已经老了，但壮心不已的精神不能松懈。

「开门撒手逐风飞，由人顶礼由人骂」。——我扎扎实实地活着，我不在乎别人怎么看待我，历史会给我一个公正的评价。

天下谁人不识君

从 1978 年改革开始，是启功最后的人生阶段，启功称之为迟到的春天。这个阶段，启功甩脱了政治上不被信任的待遇，恢复名誉。做了 32 年的副教授得到教授职衔的晋升。书名誉满天下，门庭日趋热闹，而老之将至的内心满是孤寂。

这个阶段，启功做了许多想做的事：整理和出版著作，为恢复考试的学生设计课程，设立"励耘奖学金"，附议提案设立教师节等等；这个阶段，不论自己意愿还是别人所求，启功写了许多字，书风与以前比，解放精神，终于大成。书名大盛，掩盖了早年一心追求的画名，在社会层面，做了中国书协副主席、主席直至名誉主席，定义了启功成为"大书法家"。启功的书法，到此形成"启功体"。

"启功体"，其实就是启功 40 岁谨严书风、60 岁书艺弘法之后，再加了一剂"解放""自信"大补营养成就的。盛名归来，神旺英发。

20 世纪 90 年代，启功先生在浮光掠影楼书案上写字

毋庸置疑，启功是好高名的，不同于私传绯闻、公开献丑的现下出名，启功用功一生，一直希望得到"能与诸贤齐品目"的现世承认。名声就像是精神大补丸，教人把

才情表现得更加充分，神
采完足。启功这时偶然
为之的绘画，由于精力限
制，不再作细笔点染的山
水，一样是变作了神采完
足的竹石写意。陈衡恪说：
"文人画第一人品，第二学
问，第三才情，第四思想，
具此四者，乃能完善。"大
写意更加完善了启功的绘
画成就。

葛萄

启功依然保持了一生
谦己敬人，风趣"淘气"，
虚心向学，坚持原则的做人
风格。同时，也透露一些意
气，是此前阶段我们不曾得
而闻之的。既得大名，社会
就有各种表彰和褒扬。大
家开会庆祝启功取得的文
化成就，启功在会议上公开
地讲："我哪儿乖呀？"启
功解释说，侄孙带小同学在
家里闹，闹得烦了，启功就

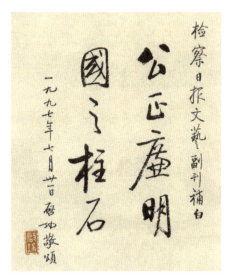

"公正廉明"

哄孩子们："你们多乖啊，到院子里去玩吧。"之后，启功讽喻地说，
孩子们已经走出楼梯，一个孩子忽然跑回来问启功：我哪儿乖呀？

启功现在就问大家：我哪儿乖呀？

这个阶段，是"天下谁人不识君"的辉煌阶段，是我们最关注、最熟悉的启功生命阶段，也是启功开玩笑说有牙没有花生米的阶段过去、有花生米没有牙的阶段。

启功挚友黄苗子先生曾戏作一首《保护稀有活人歌》略加陈述，真实再现了当时的情景：

> 国子先生醒破晓，不为惜花春起早。
>
> 只因剥啄叩门声，"免战"牌悬当不了。
>
> 入门下马气如虹，嘘寒问暖兼鞠躬。
>
> 纷纷挨个程门立，列队已过三刻钟。
>
> 先生谦言此地非菜市，不卖黄瓜西红柿。
>
> 诸公误入"白虎堂"，不如趁早奔菜场。
>
> 众客纷纷前致辞，愿求墨宝书唐诗。
>
> 立等可取固所愿，待一二日不为迟。
>
> 或云夫子文章伯，敝刊渴望刊鸿词。
>
> 或云小号新门面，招牌挥写非公谁？
>
> 或云研究生，考卷待审批，三四十卷先生优为之。
>
> 或云书画诗词设讲座，启迪后进唯公宜。
>
> 或云学术会议意义重，请君讨论《红楼梦》。
>
> 或云区区集邮最热衷，敢乞大名签署首日封。
>
> 纷呶未已叩门急，社长驾到兼编辑。
>
> 一言清样需审阅，逾期罚款载合约。
>
> 一言本社庆祝卅周年，再拜叩首求楹联。
>
> ……
>
> 蜂衔鹊市仍未已，先生小命其休矣。

早堂钟响惕然惊，未盥未溲未漱齿。

渔阳三挝门又开，鉴定书画公车来。

国宝月旦岂儿戏，剑及屦及溜之哉！

……

启功在写给多年故交的一首《近况》中，透露了"昔日艰难今一遇，老怀开得莫嫌迟"的心情。不管嫌不嫌迟，对于启功一生向学，谨饬修身的抱负，古稀已度，老而开怀，确是有些迟来的春天。在这个迟到的春天里，启功是尽力作为的，不过很多生命的价值已经永远地失去了，至爱亲人一个没有，内心有挥之不去的孤寂。

教师须知

　　启功是个知恩报恩的人。只要可能，启功的著作一定请求陈垣老师写签。这是印可，对启功的意义无人能够代替。在纪念陈垣老校长百年诞辰的时候，启功用心写了一篇文章。文章中，启功说陈老师教了他九条"上课须知"。文字不长，而且平易恳切，请允许我抄在下面：

　　1、教一班中学生与在私塾屋里教几个小孩不同，一个人站在讲台上要有一个样子。人脸是对立的，但感情不可对立。

　　2、万不可有偏爱、偏恶，万不许讥诮学生。

　　3、以鼓励夸奖为主。不好的学生，包括淘气的或成绩不好的，都要尽力找他们一小点好处，加以夸奖。

　　4、不要发脾气。你发一次，即使有效，以后再有更坏的事件发生，又怎么发更大的脾气？万一发了脾气之后无效，又怎么下场？你还年轻，但在讲台上即是师表，要取得学生的佩服。

　　5、教一课书要把这一课的各方面都预备到，设想学生会问什么。陈老师还多次说过，自己研究几个月的一项结果，有时并不够一堂时间讲的。

　　6、批改作文，不要多改，多改了不如你替他作一篇。改多了他们也不看。要改重要的关键处。

7、要有教课日记。自己和学生有某些优缺点，都记下来，包括作文中的问题，记下以备比较。

8、发作文时，要举例讲解。缺点尽力在堂下个别谈；缺点改好了，有所进步的，尽力在堂上表扬。

9、要疏通课堂空气，你总在台上坐着，学生总在台下听着，成了套子。学生打呵欠，或者在抄别人的作业，或看小说，你讲的多么用力也是白费。不但作文课要在学生座位行间走走。讲课时，写了板书之后，也可下台看看。既回头看看自己板书的效果如何，也看看学生会记不会记。有不会写的或写错了的字，在他们座位上给他们指点，对于被指点的人，会有较深的印象，旁边的人也会感觉兴趣，不怕来问了。

启功说，这是陈校长教给自己的。陈校长一定说过这些意思，这样的行文却只能是启功的。启功的文字，即便是最正式的学术论文，也一定是口对着心，老实诚恳，深入浅出，明白如话。启功在这篇文章的原文中，说自己的一些学术观点，"谁知道许多是这位庄严谨饬的史学考据家（指陈校长）所传授的呢"；说自己的一些艺术信念，"只是陈老师艺术思想的韵语化罢了"。老师成就了启功，启功对老师感念一生，认为自己的一切都是老师给予的。

这个"上课须知"，不是技术上的教学法，而是人格上的为师操守。这个"上课须知"和比师大校训一样，是一个做人为师的经典文本。

启功先生在口述历史中深情地表述了自己对陈垣老师的感戴之情：

回想我这一生，解放前有人不屑我这个资历不够的中学生，眼里根本不夹我地把我刷来刷去；解放后又有人鄙视我这个出身不好的封建余孽，舍你其谁地把我批来批去，各路英雄都可以在我面前耀武扬威一番，以示他们强者的伟大与左派的先进，但老校长却保护了我，每当我遭受风雨的时候，是他老人家为我撑起一片遮风避雨的伞盖，每当我遭受抛弃时，是他老人家为我张开宽厚的翅膀，让我得到温暖与安顿，而且他好像特别愿意庇护我这只弱小的孤燕，倾尽全力地保护我不受外来的欺凌，就像"护犊子"那样护着我。我自幼丧父，我渴望有人能像父亲那样关怀我，我可以从他那里得到不同于母爱的另一种爱，有了它，我就能感到踏实，增强力量，充满信心，明确方向。现在老校长把老师的职责与父亲的关怀都担在了身上，这种恩情是无法回报的。我启功别说今生今世报答不了他的恩情，就是有来生、有下辈子，我也报答不完他老人家的恩情。

启功在老师逝世9年后，发表了挽陈校长的联语，其中说"信有师生同父子"，是寄有沉痛深情的。成语"亲如兄弟"的"如"，与启

1963年，启功先生在陈垣先生家里问学

启功先生（左一）与恩师陈恒先生（左二）等人合影

功"师生同父子"的"同"字比较，可以看到这是怎样的师生感情。在陈校长逝世 15 年后，在条件终于许可的时候，他尽全力筹资兴办了"励耘奖学助学基金"，用老师书房的名字命名奖助基金，以纪念老师，心中觉得"报了师恩的千百分之一"。

师　魂

　　启功一生，做了70余年教师，无论后来享有怎样大的声名，始终把自己看作一个教师。启功有自作座右铭说："职为人师，人之所敬。虚心向学，安身立命。"这是恳切老实的话。由此容易意识到，以自我要求来说，做教师的基础品格，应该是好学、向学，没有自满的学习，而不是教授。启功虽以教师自居，仍旧终日乾乾，保持警惕，担心做一个教师，而有"好为人师"的"人之患"，有教师面孔的职业毛病。

　　作为教师来对待学生，启功从不以老师的名头自居，他提醒自己不要"但患人之患"，总是把学生视为学友。启功对这一点十分警惕，曾经说："先圣言人之患在好为人师。今吾职业已为师矣，将如

1987年，全国书法教师第一期讲习班合影

何以免其患？惟有心无所欺，行无所愧，不强不知以为知，庶几有免患之望。"

我们见惯一位老师自我介绍说：我是李老师。也经常听到我的学生如何如何。一般我们认为，老师是"传道、授业、解惑"的，职业之外有一份"人师"的尊贵，不仅仅是一份"提供服务"的职业。这和向别人介绍说我是李警官、李领班毕竟不同。因为传授知识的经师之外还"职为人师"，中国文化对老师有一个传统的敬意。如果要保持这个传统，做教师的人应当对"老师"有一点职业的自尊。这个觉悟是笔者从启功对此的警惕中得到的。

回味起来，启功的命运和"师"字大有夙缘。中国人过去供奉的牌位，有所谓天、地、君、亲、师之谓，而启功一生独厚师字。启功一降生，正赶上3000年旧制度的结束，一起淡化了天、地、君。启功三代单传，一岁丧父，六十鳏居，并无子嗣。血亲一脉，已经是枝疏叶零。其幼年时，遭逢"孀媳弱女，同抚孤孙"的景况，正是已故爷爷的学生感念师恩，为启功提

启功先生给中文系学生讲四声

启功先生与学生们合影

供了生活和学业的帮助。

启功终生的职业是老师。启功也许并没有正式拜做陈垣老先生的学生，但启功从心里是把自己当作陈校长门生的。陈校长对启功一生的影响可能是最重要的。学校档案馆保存有启功为陈校长做寿，精心绘制的折扇，"万点松煤写万松，一枝一叶报春风"。此时启功尚在青年，其孝敬之心，出自真情，一生如此。

在陈校长后人的回忆记述里，已经是20世纪60年代前期，启功过年，还是要到陈校长府上拜年，进门即行磕头大礼。那个时候，中国已经少见50岁儿子给80岁父亲磕头拜年的现象了吧，那是启功发自真心的感恩与恭敬，是老辈人表达情感的共通仪式。

启功自1933年走上辅仁大学附中的讲台，历经两次除名，一次被动与一次主动的离开教师机缘，仍然将教师的职业做到了生命最后一息，不得不说，启功就是做教师的天命。

一次被动离开教师岗位的机缘，出现在1945年，国军"光复"北平。辅仁教师英千里获得了北平教育局长的职位，希望启功去管理人

在全国政协举办的文艺家笔会上，启功挥毫为会员作品题字

事。据说，英局长是看上了启功跟白普仁师傅学习了识人之术，要用人所长。又据说，这个职位比教师挣得显著地多。面临教书和做官的选择，启功去请教陈垣校长。校长先是问启功自己和家长的态度，听到启功说母亲自认没见识，要他请教校长，就讲了一个道理：做教师，是宾客，拿的是延聘书，没有人格依附；做僚属，是官吏，受的是委任状，就是长官随从。启功明白了，说自己"少无宦情"，不受人指使也不愿指使他人，决定留下继续做老师。启功礼数周全，写信表明感谢前辈的赏识和自己的婉拒。陈垣校长看到信，风雅地评论："值三十个银圆。"

这"三十个银圆"的影响是很大的，后来的路，当时是看不清的。30 来岁，没有定型，如果启功那时做了前朝小官，后来的故事不知道如何设想。这种风雅后来消融了，变成没有人不是别人的随从。可以选择一下的，只剩下随从的态度。

一次主动离开教师岗位的机缘，出现在 1956 年，叶恭绰请启功协助组建北京中国画院，启功又萌生了早年做个职业画师的理想。结果是被补划"右派"，重回学校，因这个意外打击，加之时论认为绘画不是中文系教师的正业，甚至此后连绘画也都少弄了。

师范和校训

启功有一首《赠本届毕业同学》，是"上课须知"精神的另一版本。还是一贯地称学生为同学，写出老师之所以是"师"，与学生质的不同。启功说："入学初识门庭，毕业非同学成。涉世或始今日，立身却在生平。"这是经历一生的回头忠告，是做学问、做人的经验之谈。毕业是开始涉世，意味着此前你是老师的学生，老师有天然的指导责任，做不好可以再来。毕业以后，你得单飞。路正长，一切后果自己负责任，没有练习题可以由老师批改了。

最痛心启功"老学生"来新夏先生的一段话："为什么启功老师如海的学问，如山的高龄，竟没有一人能尽得其传？"作为陈垣先生的学生，启功可能是无双的。作为一位老师，也许时代的作弄，启功是无法和陈老校长相比了。

辅仁大学成就了启功"职为人师"的事业，启功回忆辅仁大学的20年，心里是无限眷恋的。曾经说过，"永远难忘在辅仁大学度过的美好时光"。辅仁的校训里，有一条是提倡《学记》中的"三年视敬业乐群"。后来，敬业还能听见；乐群这个理念，在斗争哲学兴盛的时候，就不是常用词了。"文革"刚刚结束，启功给学校的营业餐厅写牌匾，借机还魂，就写了"乐群餐厅"四个秀丽大字，餐厅即成为当时学校一处名吃，在聚餐的时候起码可以群乐融融了。现在，"新乐群"就是新的、更高的餐厅大楼。启功怀念辅仁，这是一个应该留意的细节。

也许是后来随辅仁并进了师范大学，启功 20 世纪 80 年代开始，对"师范"两字有过反复的推敲。先在一首长诗中写道："学高人之师，身正人之范。"后曾反复拎出，写此两句。有一个写本小序说："昔有学友以师范两字相询，曾赋长句答之，此其首联也。重拈以与今雨共勉之。"

到了 20 世纪 90 年代初，学校出版社迁址，名誉社长启功先生热心帮忙，指导肇庆工厂为我们设计了一方巨型端砚，亲往房山替我们物色一对石狮。石狮选定以后，启功为一对石狮各题四字铭辞，因为我们是师范类学校的出版社，再次诠释了师范两字，题："师垂典则，范示群伦。"这一对狮子，是两尊雍容和蔼的青灰石狮，就是北京胡同的那种灰色，态度温文，很有文化，没有当下多见的镇宅物那般龇裂和张狂。后来由于安置位置偏僻，少有人注意石狮的存在，多经风雨，少被关注，依然故我，"人不知而

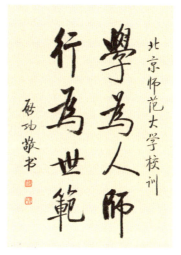

北京师范大学校训

对联

《共勉》一首，致新同学

不惮"。

到了 20 世纪 90 年代后期，学校 95 年校庆。校长袁贵仁请以石狮的八字用做校训，启功以为文字不妥。启功是觉得，这八个字太文，行而不远。经与学校交换意见，改成了"学为人师，行为世范"。并且，启功各题写繁简体一件，以为不同场合所用。校训的落款，写的是"启功敬书"，一经学校使用，不再提由谁拟定，启功只是书写者。这两句话，20 年来一直作为北京师范大学的校训，在社会上产生了极大影响。学校老师同学，唯愿同此学行。有趣儿的，领导经常取这个标准，要求普遍的教师和知识分子。很多寺庙也写这两句，不知是折服启功大德，还是觉得也是修行标准。

有人说，此校训是文言，因为词汇完全是单字。反驳者说是白话，理由是本来就明白如话。佩服启功有这样的才华，把传统文化轻松平易地使用于当下，使人接受愉快。就如同被广泛传诵的启功白话诗词，就如同启功接人待物的浅出和风雅。

又有人说，这个校训，《世说新语》就出现过。《德行第一》上来就说："陈仲举言为士则，行为世范，登车揽辔，有澄清天下之志。"了解师大校训反复推定的衍变过程，才会对启功先生所阐述的师与范、学与行，有一个较深的理解。

启功与"师"的夙缘，还有一个"教师节"的佳话。仍是 20 世纪 80 年代初，举国热情地"振兴中华""尊师重教"。师大 7 位"两会"代表的知名教授，由时任校长的王梓坤先生代表，向全国人大提出了设立教师节的提案。启功就是 7 位提案人之一。提案获得了顺利通过。1984 年第一届教师节的时候，启功先生是少见的高兴，为教师节题字作画。其中之一，就是启功作品中尺幅最大的红竹图。

启功晚年为师字写过一首十六字令："师。百年坛坫我生迟。今闻道，勉力学而思。"启功先生勉励自己，似乎仍然觉得，自己作为老师，比起自己的老师辈来说，还要再加努力。

闲聊春风

笔者小时候，毛主席伟大是知道的。心里有个小疑问，他老人家写字怎么不在格子里呢，这样行吗？后来知道了草书一回事，就是从毛主席的手迹知道的。但是如何只从欣赏书法的角度，不受其他因素影响地欣赏，依然没有能力。

较早时候，有机会和启先生聊天，把这个问题想起来，请教启先生："先生，毛主席的草书，马未都先生说一件就顶他收藏的全部，是从艺术上说么？"启功说："毛主席的草书那当然是好哇。"不满足，说："那您觉得呢？"启功说："我呀，是心服口也服。"还不放，想听启先生细说："那您也评论一下呵。"启功说："要说批评，就是那些人当时搞得就他一人能写了。"全部如是我闻，就这三句话。笔者当时回来还记录过，安了心了。

另有一回，启先生谈兴正浓。启功先生说，写字好是因为我的手好哇，我的手这里很大（大拇指最下一节关节）。笔者一下子兴奋莫名，由叨陪听

1980 年代，启功先生的风采

启功先生在扬州

众变成现场抢答："先生你看，我这里也很大。"启功先生奇怪地看我的手一眼，悻悻地说："说着玩的。说着玩的。"这句话的神采，与刚才变作两人。

这件事笔者在脑子里过了多遍，有一点认识。同志们那，历史的经验告诉我们，要做老实人，做人不要太老实。启功闹着玩的时候，"大爷高乐"，听的人不应该太老实，破坏环境。待到气氛被破坏了，启功先生本当就势说："是啊，咱俩这手就是武功秘籍，别人没有。"这才是继续"大爷高乐"的性质。怕听的人认真，分不清，受不了。启功先生老实了，就把自己的情绪给打断了。由是得出结论，启功先生说话是机动灵活的，好像开车一样，一档二档，制动拐弯，都能自如。由是想到，听过的话要重新回想，话都有音，毕竟"学而不思则罔"呀。

标准草书学社成立纪念，启功（左二）、屈武（中）、赵朴初（右二）

　　启先生说过，小时候家里抓小偷是不积极的，因为毛贼都是苦人。这超出普通人的认知范围，常羁在心。有一天，附近一个大人物被贼杀了，成大新闻。邻里们传言说，杀人者是个前保安，因离职，衣食所迫回去行窃，被受害的老人撞破。老人欲扭送小偷去派出所，小偷情急行凶。这成了心里羁绊的解扣。

　　有一回说到草民这个旧词，笔者袒露了自己的见识，说草民就像没妈的孩子像颗草，像割了还长的韭菜。启先生看着我，眼神有些忧郁，耐心地说：这个草是与风相对的。没有主见，就随风倒。

　　上面的重述，不能交代当时的环境、语境和情境，总之当时的"气场"，听后产生的震荡，却是听者的因缘了。

　　先生之风，山高水长，沾溉之下，乔木生长，为什么要做草呢？多次在心里掂量这个教诲，不夸张地说，感到消除一些内心的卑贱，自尊增加了。如果说自认公民内心还不能允贴，更喜爱平民一词。虽然卑微，我可以"诸恶莫做，众善奉行"。从此，不以草民自称，学习沉默，力戒人云亦云。

也有好玩的情节。启功先生有一位多年的朋友，张中行先生。启先生读张先生的新著，褒扬说"拍案不以手"，极表激赏。早年有一部红极一时的小说，张先生就是书中女主角不进步前男友的原型，而女主角后来真实的进步伴侣，又与我在的学校有关。大家聊到这些旧事，启先生转述张先生自述，笑意里仍是激赏：我的路只是一个疑字，而她相反。

启先生写过一个手札："学之所求，不信胜于信（中行翁语），学之所得，不知多于知（末学功敬补）。"笔者了解故事里所有这些人、这些事。看似无意的说笑，对晚生半世纪、远比启先生熟悉小说的后生来说，那味道真好比弄倒了调料瓶子，含混难受。

启功95冥诞，几个单位一起搞了一个纪念展览，地点在北京画院，展出启功80件对联墨迹。在准

对联二副

备展览的时候，会谈到一些启功的往事。我们看到一张画院成立的合影，求画院帮助复制。王明明先生表示，以前自己不知道，启功是在画院被划为"右派"的。都是一说而过。展览开幕式之后，画院三楼有一个座谈会，嘉宾是自愿出席的。画院的院长有一个议程性发言，王明明先生说得很朴实，也很简单。但王明明先生是个有心人，提到了启功在画院划为"右派"的事，据笔者记忆，说了很对不起。说这件事，只是记录这个说法。虽然，按政策，学校早就平反了启功的问题，一切已经过去。王明明先生个人，一直是启功先生的朋友。

第五章 达人启功

「衰荣有痕付刍狗，宠辱无惊希正鹄」。——古人曾提出要达到真人、至人的境界，我觉得能随时抛弃荣辱，真正做到宠辱无惊才是人生的最高境界。

「自遣有方唯笑乐，人生难得是糊涂」，「多目金刚怒，双眉弥勒开。馀生几朝夕，宜乐不宜哀」。——为此人应该有乐观、达观的生活态度。

传说的神通

笔者曾"逼问"过启功先生一回神通。请教:"先生,我听人家说您可是有神通啊。"启先生说:"那可不是迷信嘛。"再请教:"可是人家说您的神通是跟日本人学的。"启功先生立即说:"跟日本人学也没有什么,那也是中国的学问,日本人也是到中国学的。"即非即是,以下没有了。启先生信不过后生,说话只挂到一档,不给油了。

启功50岁的时候,很有些传说的故事。比如,30来岁一学生兼朋友去看启功,据说启功正在胡同里,搬出炉子生火。启功看到朋友来,特别高兴,就说:"我知道你今天要来,我桌上有给你的字帖,准备好了。"这故事我看来没有什么。但讲述人说,那时没有电话,并不常联系。启功自己说他知道朋友要来,猜中的可能性小。而且说,这种故事经常发生,他经过的很多事,都被启功预见。这类事情,按一般解释办法,可以说启功猜了多次。事情神,是因为没有猜中的都不会进入印象,

有一位陈先生,讲过一个自己的故事,比较曲折。一段时间,陈先生反复梦见自杀的姐姐,在地下处境凄凉。在梦里姐姐还讲了一个事情,说姐姐不是自杀的,而是被姐夫害死的。姐姐进而说,姐姐不怨姐夫,但现在背一个自杀的名做鬼,不得安宁。陈先生的姐姐家在河北,去世已经10年。近来,这个梦反复出现,陈先生很苦恼,就和启功说了。启功想了一阵,说,你要回去一趟。又告诉陈先生如此这般。事情是陈先生回到老家,已经傍晚,约了姐夫见

面。按启功说的，陈先生不叙别情，要求姐夫道：我明天早晨到姐姐坟上烧纸，你也要来。你要带一张纸，写上姐姐是你杀的，你现在很对不起。我看着你烧掉，就回北京。陈先生的姐夫没有说话。第二天一切依照要求进行，陈先生说启功教导，姐夫写的字，只看而没有拿。之后就没有梦了。陈先生还说，多年之后，曾见过一次久没联系的姐夫。姐夫已经很老，告诉陈先生，他曾经得了10年"缠腰龙"，百治不愈，上次的事之后，倒是好了。是启功看穿了这件事情，还是陈先生崇拜启功，创作了这件事情？作为一个故事，这事有些意思。黄苗子写过经典的怀念文章，说启功是真正的"通人"，应该给启功上一个尊号：启文通公。看来，人事通时，神也能通。

笔者倒是亲身经历过一件事情。一天启功先生说，某位先生不行了。身边人问，怎么不行。启功说，噗，吹了。笔者说这位先生最长两个月前还见过，身体看着很好。启功没有接话。但这位先生不几天真就走了。后来就想，启功先生虽然深居简出，是有人，有消息告诉了启先生？

早年辅仁大学开除启功的张先生，让人觉得和启功有点宿缘。张先生去世前，启功写了"预挽"的挽联。有草拟的稿子和笺纸写的手迹。草拟的是："预挽某先生：玉我以成，几度茹辛经世路。送君而返，一行报德见人心。"到抄正的时候，调整为："余冠年涉世，此君事事相扼。然当时苟相容，余之寡陋，当十倍于今也。1986年夏日玉我以成，出先生意料外，报怨以德，在后死不言中。"启功不可能对张先生有好感，但能够感到，张先生要大行了。仿佛命里的一场劫，所以启功这样说应该是尽释前尘啦。

读这两个预挽的文本，笔者有些猜测，仅仅是私下猜测：启功早年的发奋向学，有自己上进的要求，也有此君从旁督促的结果，知耻近勇，此点文意明显，研究启功不可忽视。送君而"返"，启功也认为，某先生是命里有缘的朋友。启功给"某先生"念过经。

其实也有一个理由：启功曾经提名一位邵先生担任书协领导，而邵先生，曾经提名启功为"右派"。人生命运，就是这么回事，除了"相逢一笑泯恩仇"，不然你能怎么办？

称　呼

　　启功先生谦己与恭敬，是出了名的。称呼别人，一定用敬称。老先生学问大，在各种场合、对各种人物的敬称形式多样，总能称呼得文雅而不迂腐，恭敬之外还要雅正体面。这些称呼似乎有些言过其实，但绝不是假意奉承，敬人有礼之外，包含一层善意的期许。这其实是一种被我们忽略了的文化，是符合人心的文化。其不传不是因其"过时"，而是丧失了那样的优雅环境。现在的环境，这文化演变成了见人就称"领导"，匆忙、粗鄙而且直接。

　　启功先生在世时，大家当面多称呼启先生。启先生做了70多年的教师，这"先生"，是学生——先生的意思。也有称启老的，透着更加尊敬和一些正式感，启先生有时会回以"岂（启）敢"，这是启先生的说话风格，谦己，却不受别人的恭维，过谦，风趣地拒绝。有叫启老师的，那是弟子，主要是启先生教授古典文学的及门弟子。别的人这样称呼，不是启先生当不起，我觉

1996 年，启功先生在书房

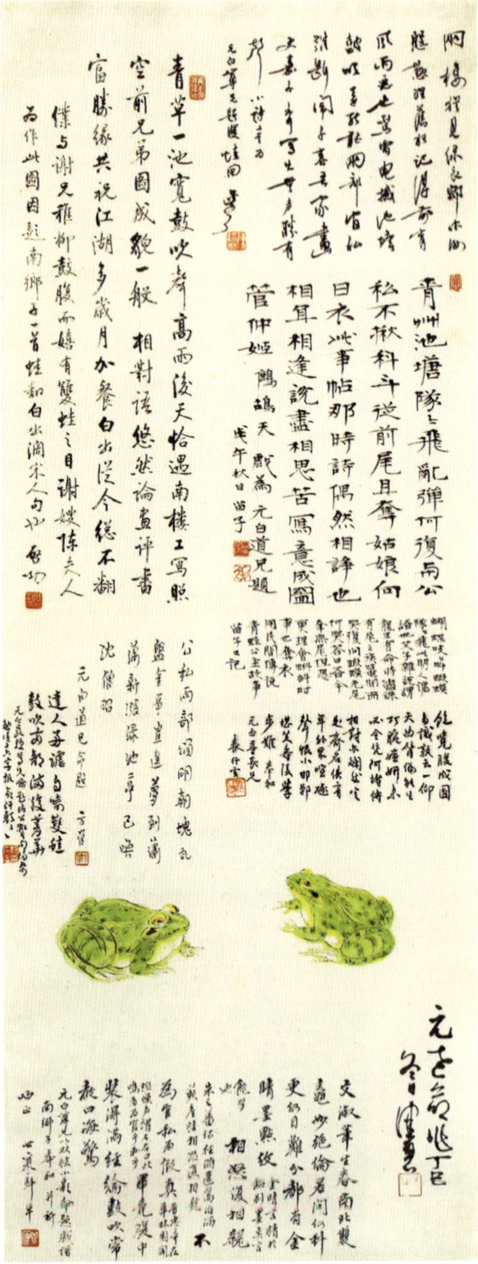

陈佩秋 《双蛙图》

得有"傍大师"以自诩的嫌疑。

流行的风气，称呼职衔。有称呼人家"张处""王局"的，也有称呼"张总裁""王大队"的。启先生有很多学界和社会职务，头衔还都不小。在启先生这儿，没听到过有人称呼启先生的职务、官衔。有些公共场合，启先生被直呼启功。现代传媒，行文不讳，无论怎样的大人物，一样是直呼其名。其大块文章颇有可删，对人的称谓总是惜字如金。

私下里，启功有自己的文化坚守。启先生有些同侪好友，本也是文化名人。其中有一位，相处之间有些简陋，总是"启功、启功"地直呼其名。中国人的名，是师长叫的。朋友相熟，可以不用敬称，称呼其字元白。启先生听得眉头微蹙，莫可如何。这对于有名无字的我们，已经不能直接体会，那感觉仿佛你的朋友总是用你小时候你妈妈叫你的乳名，当面叫你。

别人给启先生来信，遇到先生觉得有过分的敬称，就将原信敬称字样剪下寄回，回信讲明"敬璧"。比方有个年龄小十几岁的朋友给启先生写信，落款名字前写了一个"晚"字，表示晚辈。启先生就剪下"晚"字，复信里寄回。这个谦己的办法，别处真不曾见过。

启功给人写字，有时款字写启功敬书。黄苗子先生看到了，曾经对启功抗议说：什么人物，也值得您"启功敬书"！？启功并不反驳，平静地说，我改名叫"启功敬"了。启功不是所有场合都"启功敬书"，可见不过是比黄苗子先生的标准宽些。事情都有个大概的界限，虚化一些，放宽一些，灵活一些，是启功的做法。给人写字的时候恭敬，不妨朋友聊天的时候诙谐。

还有一个事例，启先生晚年眼睛不好，受人请托题写书名，有用集字的情况。出版社请求启先生为陈垣老校长的全集题签，笔者用电脑集好"陈垣全集"四字，请启先生过目。先生用笔改画了样子：陈援庵先生全集，下署受业启功敬题。启先生交代说：出版社只用"陈垣全集"四字，再行设计是人家的事，我是一定要这样写的。

启先生有件随笔手札：

> 刘墉于人无称谓，上款每书某某属，不得已而有称谓者，又无求正之语。曾见其为果益亭书联，上款题"益亭前辈"四字；为铁冶亭书册，上款题"冶亭尚书鉴"五字。故余于刘宫，但呼其名。

刘罗锅官大势大，说话写字有时自信满满。启先生以其人之道还与其人，"但呼其名"，就是一件文雅有理的事情了。

启先生永远自居于一位教师，老先生自己做过一种名片，笔者在20世纪80年代见过，印象深刻。这是一张名副其实的"名片"，说是名刺也行，反正上面就只一个手写的名字。

笔者私下称呼老先生启夫子——老"老师"嘛，经纶满腹，风采循循。后学如吾等只能白云在望，高山仰止。称呼夫子，以为最能表达后学吾等对启先生口服心服的敬仰。

赤子性情

　　启功先生自己说，他的性格有很"淘"的一面，从小就是，到老依然。"淘"就是淘气，孩子的心不能真坏，常常有此一"淘"。大德心如赤子，世故不再萦怀。金山寺有一个写在山门前的联语："登圆通路，生欢喜心。"启功先生的"淘"，就是"欢喜"，是没来由的高兴，找点理由的高兴。这和幽默感一样，是智力之富裕，是天资的特征。

　　启功先生津津乐道，早年给老师起外号、写段子的淘事儿就不

童趣

启功先生抱蛙照

少。50多岁，启功先生在医院住院，看见进来一个病人姑娘。人家的难受与启功不同，姑娘其实挺好，吃嘛嘛香，只是脸上长了一点胡子。启功不管人家的难受，也不理解大夫的处方，写诗打趣说，"试向草原群里看——山羊"。因为山羊据说男女都有胡子，无所谓。还说人家大夫的办法是"奇方——扎破臀皮打气枪"。反正也不会给姑娘看，纯粹是捡乐子，不顾自己正病着，多闹！原词如下：

南乡子

余因病住医院时，见有青年女子自东北牧区来，颔下生须数茎，住院医治，疼痛呼号，其须仍在。

少女貌端庄，颔下生须似不扬。千里南来求治法，奇方。扎破臀皮打气枪。　　思想要开张。颊上添毫本不妨。试向草原群里看，山羊。个个胡须一样长。

大病将殆而终于无恙，启功发为《赌赢歌》，勾销夫人生前的玩笑赌账。

启功又忍不住要闹了。诗里说，有人给启功介绍续弦，启功不要，说没有基础；进而兴来，发挥说有基没础；担心听不懂，再发挥说栋折梁摧。是闹，是犯坏，就是这么好玩。

王连起先生讲过一个闹的故事。王连起先生和老师徐邦达有一个关于碑帖的争辩，启功在一边拉偏手，对王连起先生表态说：我举四条腿支持你。徐邦达先生不解，怎么个举四条腿法？启功说：就是能举的我都举，完全赞成连起的观点。王连起先生就说：那不行，必须举五条腿，小腿也要举。启功继续：不成，那真举不起来了。

张中行先生在《〈说八股〉补微》中提到："启功先生的为人，从头到脚，从言谈到举止，都是充满风趣的。"的确如此，在平日生活中，启先生喜开玩笑，善雅谑，尤能即景生趣，信手拈来，妙语天成。先生那些幽默诙谐的清新隽语，至今仍广为流传。此处，列举二三例。

当年，启先生在文物鉴定委员会工作时，有一次，他与一位专家有争论，热火朝天之际，另一位鉴定家从中调解。可是，启先生并不认同调解专家的意见，这位专家悻悻然自嘲："算我狗拿耗子，多管闲事。"启先生即刻接过话，回答道："不好意思，我正好属鼠。"听得此言，众人哈哈大笑，争论双方也就此握手言欢。

有次，启先生给学生们上课，开场便道：

> 某人著书立说，可称为"某说"，如千家注杜诗，有"仇（兆鳌）说"、"钱（谦益）说"等。我是满族，满族在古代被泛称为胡人，因此我所讲所说，可以称为"胡说"，而且是真正的胡说。我即姑妄说之，诸位即姑妄听之。

启先生晚年身体乏健，他常以达观态度待之，写下许多突发奇想，自我幽默的妙诗。比如，"浑身实难受，满口答无妨，扶得东来西又倒，消息传来帖半张，仔细看，似阎罗置酒，敬候台光"。其中"帖半张"者，病危书也。原来，启先生眩晕症犯了，并且引发另外症状，医院给家属下来"病危通知书"。病好出院后，先生作诗以自谑之。

启先生给人写过一个招牌：财神大酒店。大家都笑，因为他一般不愿意写这些俗辞，就想，来人在启先生这里应该是有面子的。启先生也乐呵呵地，人家走了，他嘴里还念儿歌："脸上挂不住，心里下不来。有此两种病，一辈子发不了财。"

道德通，学问也通，因为实学是解决人生问题的，不会纠纠缠缠，这学问就爽利鲜活。有一个胜景厅堂，挂一块匾"德红堂"。许多高才不知语出何典，该怎么讲。"德"如果要广大，应当是"宏"字。如果要"红火"，那不该是"德"，也不合古人追求。最后问于启功。启功先生看一眼，说，就是"东堂"。东是德红切。其堂果然在东。启功对传统文化的这一套小把戏，其熟悉也若此。

诙谐而形象

启功有很多绝妙的比喻，也显示长于形象思维的特质。比如，说到我们在学校都学过的句子成分分析，标注过主谓宾、定状补那些符号性的线条时，启功管它们叫作"梅花枝""冰裂纹"，形象传神，也很好笑。启功命运乖僻，40多岁虽然修养得才华风流，一身本事，却赶上风云大变，许多是非混为一谈。到世界恢复秩序，启功终于名至实归，却已经年过古稀垂垂老矣。这样的残酷事实，到了启功嘴里以幽默出之："有牙的时候呵没有花生米；有花生米的时候呵没有牙了。"还是形象。说幼年的朋友："渐如换乳牙，陆续离我口。"四散分离了，多形象的说法。

启功发现了中国诗文音调的基本规律，是平平仄仄平平仄仄……两抑两扬的反复，用其言曰是"好像火车"。的确，老式火车是永远的"咣咣当当"个不停。一经启功这样说破，产生的印象就不可能忘掉。这种长长的声音串，启功把它画下来，又称其为一根"竹竿"，借由这个著名的"竹竿"比喻，启功建立他精彩的诗文声律理论。这些都是形象传达思想的实例。

启功作诗，不时也是以遣有涯，游戏性很浓，不是附庸风雅的人搜肠刮肚、词不达意可比。比如，《南乡子·题汉代吉语砖拓片》文曰：

富贵昌。宜宫堂。意气扬。宜兄弟。长相思，勿相忘。

爵禄尊。寿万年。砖方形，每边二尺余。字作缪篆，上下二排，每排四句，笔画齐整。远观之，俨然竹帘悬于窗外也。

八句甚堂皇。所望奇奢不可当。试问谁人为此语，疯狂。即或相思那得长。　　拓片贴南墙。斗室平添半面妆。忽听儿童拍手叫，方窗。果似疏帘透日光。

整首诗不过是一个形象的歪想。启功不受世俗贪心的蛊惑，那愿望的确疯狂。这些"奇奢"只是拿来把玩。可不，缪篆字笔道纵横的黑白拓片，古砖又那么巨大，贴在墙上正是一扇窗。

再一例。张中行先生与启先生交好，中行老晚年著作忽受市场追捧，出了很多选本，有好几种都是女性晚学署名，帮助编选的。那一段时间，中行老也间或带着这些位女性晚学交往侪辈学人，替她们向启先生求幅字什么的。有好事者背后嘀咕：是桃色故事吗？启功张口就道：不是，不过是蹭桃毛！私下回味，启功这随口一比，其喻事传神，实在精妙。以这样的才思，又长期研习中国绘画，不离法度，启功当然是一位个性鲜明的画家。

启功先生爱小动物

然而启功不是现代词语意义上的"画家"。因为启功不画素描，也不写生。启功画画儿不研究光线和阴影，也不写实地表现生活的场景。启功画的，是董其昌、郑板桥那样的画，甚至是苏东坡、米元章那样的画，中国艺术思维的"文人画"。启功反复说明，朱砂色竹子世间没有，墨色的竹子世间也没有。其实是，世间根本就没有那样三几片叶子的竹子。但是人心里有，无论是竹子、是荷花，都是文人的精神。从启功的作品中我们也能看到，启功画的是笔墨、书法和"白话诗词"，是心胸和修养，是传统法度表现的今人心灵。这个，不是我们现在说的"画家"。

关于书法，也有这样的错位。启功说：画画是可以养活人的。写字，就难了。人人知道启功是书法家。其实，启功印可的书法家，都有一个学问、事功和人格的背景，写字是修养的一种外化，没有以写字吃饭的。启功不是职业书法家，他写字是以古人为期许的。这，也不是我们现在说的"书法家"。

书唐诗

这样的错位，仍然还有，如果没有注意到，是会错位理解启功和他的人格、艺术的。

另一类的错位，也可以说是误会。不论是为了巧取豪夺的利益，或者是因了自以为是的自大，被误会的总是启功。有一个故事，说启功对于别人仿冒自己的作品"不打假"。这个故事广为流传，于是这种仿冒之风大有愈演愈烈之势。有一些人，自己也不能写字，仿冒启功书法也只是"心向往之"地那么一写，十元八元，卖与听说有书法欣赏一回事的那么一些人。这是一种假冒。有的人，仿冒的不仅是启功的字，借由假字，仿冒与启功的交情，假造启功对仿冒者的不实吹捧，希望这样可以自贵。这又是一种假冒。还有的人，也曾苦心向学，雅好书法，却利欲熏心，昧了良心，成批量照相影拓地假造启功作品，成万元几十万元地因财骗人。这另是一种假冒。

别有用心地传播启功不打假，故意混淆启功一时同情天下可怜人的初衷，不顾心中的是非和良心。这是成心对启功的误会。

金缨的《格言联璧》有清楚的说法：

> 德胜者，其心和平，见人皆可取。故口中所许可者多。
>
> 德薄者，其心刻傲，见人皆可憎。故目中所鄙弃者众。

可见，所谓的好坏，端看在谁的眼里，在什么场合。启功秉方正之性，高尚之德，而出以柔逊之行，嘉许之言，也因此最常被我们所误会。比如启功说自己年轻时字写得不好，说自己的字是"大字报体"，说某某人比自己学问大，说某幅字画如何好，等等。如果我们全部信了，是我们在这里老实了一回，之所以老实也还是因为我们本来的自以为是。

杭州有一位启功的朋友吴龙友，在启功过世后发愿，要编辑一百幅启功生前没有发表过的法书，自费出版，以寄托对启功的哀思。笔者偶然看到清样，有启功写给沈鹏老的一首诗，其诗与序全文作：

> 仆获交沈鹏先生逾30载，观其美术评论之作，每有独到之处。所作行草，无一旧时窠臼。艺贵创新，先生得之。近将展出所书，因拈二韵，以志钦佩。
>
> 杜陵诗论通伯高，迈于汉魏变风骚。

晚年诗稿

从心草圣龙蛇笔，世纪无前近可超。

我们知道，书法是几千年前就开始的事情，前辈大家如繁星在上，"无一旧时窠臼"是无法接近书法的。笔者无缘了解沈鹏老，但知道是接替启功的书法主席，于是心下生疑，拜问吴龙友："先生，这幅启功法书，哪里来的呵？""沈老给我拍照的。"吴龙老回我。这样就没有问题了，没有编者的问题了。启功有知人之明，说话胆大心细，小子心中佩服。可这就成了笑话啦。

恢复高考后，中文系宿老前辈钟敬文先生曾邀约启功开一门古典诗词的创作课，以发扬两老的这个共同兴趣，以期传人。启功劝钟敬老作罢了。钟敬老始终保持着早年名诗人的气质，到一百岁都是一个热情的人。启功不是。启功心底有与钟敬文一样的热情，有时却是以冷的态度表示的。启功不相信钟敬文的目的能够达到。然而启功开设了著名的古典文献巡礼的"猪跑学"课程。个中理由，也许是新时期学子诗词创作可以没有，精通的古典文献如果也没有的话，大概了解的古典文献是可以有的。"猪跑"的理念，就是看见猪跑

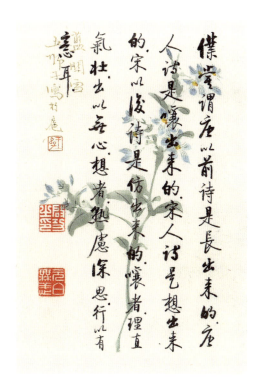

手札一帧

比吃到猪肉容易些。

这些误会是启功意料不到的吧：大家现在谈到"猪跑学"，无不表示感叹敬仰。用启功宝山胜览，深入浅出的精彩讲授，代替"猪跑"本意的简明直至简陋。还有人说：启功多么谦虚，说自己学问不精，所以叫作"猪跑"。即便是精彩响亮的"猪跑"学名，也被年轻一代学子纳闷："我就没见过猪跑呀！"不言的是，猪肉我却是一直吃的。老革命总是有一些新问题。

与启功年龄接近的学人和艺术家，多是早年留学，学习西方学术理论，接受西方绘画理念的。回到国内，顾不得担心矫枉过正，他们用西方思想解释了中国学问，用西方理论改造了中国绘画，许多人做出了影响几十年的工作，建立了全新的文化"传统"。等而下之，也有些人的工作仅仅是西方文化的搬家和类比，后来一直水土不服。在

20世纪80年代，启功先生和青少年合影

中国走向世界，地球联系成村的过程，这样的工作已经做不下去了。另外，不约而同地，"西学为用"的学人和艺术家晚年都有回归中国传统的趋向。这也许预示着这个新"传统"的继续发扬，也将如开山者晚年那样，必然会留心于更好地与传统文化的融合。

启功这样的学养，在同代人中实已不多。由于启功的学问来自最后一代中国文人的亲传，使得这种文化由于启功被一直带到了 21 世纪之初。以写字为例，专心于经史子集的学问，谨守于书法传统的法度，加上本性聪明、天性相宜，传统学养和智慧皆备于一身，而以面对的现实出之。这种书法的书卷气，把写字当作技术的做法是不可得到的。有说法认为启功是遗老，是抱残守缺的"保守"。牟宗三先生在《生命的学问》里认为，"真正的保守是不容易的。那时一种积极、健康，而且需要建构的综合意识，是开太平、端趋向、定轨道的意识"。"真正的保守就是切实而落于实践的创新"。"保守与创新是不对立的"。启功是这样的"保守"。

灵岩寺办一个名人塑像展，刘海粟先生被要求题词，这其实就是中国传统的做法，刘先生应命题了。可这事实非刘先生所学之长。于是，启功后来看到了，玩笑说：我可以各加一字，就成为：灵岩名塑 ——馆，天下第一 ——展。有血有肉 ——身，活灵活现 ——眼。除了开玩笑地看它不上，改得好笑之外，确是像个题词了。黄胄先生就曾说过，羡慕启功的传统题跋功夫，说黄先生自己写了，总像是口号。

启功的诗词创作，自己总说是迹近数来宝，其实正是以今日现实相对传统符合者保守，而不合处创新的成功实践。其实，诗词必须有声调，数来宝却只在乎韵脚，到是楼梯式的新诗与数来宝近些。诗怎样写，还需要时间来看看，看怎样是更合于流传的。胡乱抄一首启功"白话词"欣赏一下，体会传统与现代。

渔家傲·就医

痼疾多年除不掉。灵丹妙药全无效。自恨老来成病号。

不是泡。谁拿性命开玩笑。　　牵引颈椎新上吊。又加硬领

脖间套。是否病魔还会闹。天知道。今天且唱渔家傲。

内容说自己的病情，日常用词，人人能懂。形式是《渔家傲》的格律，声韵都合。大声读来，不仅大白话儿，还是北京腔儿。那种无奈的调笑，最能够引起共鸣。难道说传统的就是过时的吗？

启功对于穿衣吃饭，持无可无不可的态度，颇有些魏晋风度。20世纪 80 年代初，启功依然经常是褪色中山装，而那时候，已经流行羽绒服，当时被叫作登山服。因为启功给人"保守"的印象，有一天，一位老师说起协调，就说启先生绝不会穿登山服，因为不协调。恰巧启功新穿一件羽绒服走过，引得大家哄笑。非关那位老师。而是说用

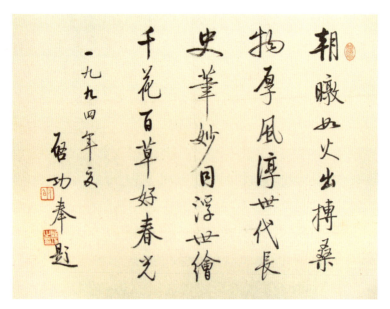

"朝暾如火出"

协调的观念估计启功的行为，这种流行思潮式想法，本身容易把水弄进脑子。

现在大家知道，启功喜爱一对有机玻璃的透明图章，是经常在作品上使用的。这材质肯定不是传统的，但优点是不易碰坏，容易携带。就此说来，启功没觉得这对印章与自己早年使用的象牙印章有什么分别。而且，印章和有机玻璃都是传统，我们传统绵延不绝，直到今天，为什么不能用有机玻璃。不"协调"吗？20 世纪 80 年代戴墨镜，人家就说是流氓。现今满大街常见戴此之人，那现在是流氓社会啦？摇头逛荡水音儿的脑袋，应该反对。

启功晚年常常使用日本发明的自来水毛笔和宣纸质地的卡纸，不排斥由此带来的方便。其实，这两样东西很可能没有传统的笔纸保存寿命长，也是过去的传统书法不曾使用的。

书法的继承和创新，是这一取舍的一个焦点。启功的观点是书写者只要去用心熟悉传统、学习传统，"笔成冢，墨成池"。创新是比较自然的事情。一方面，"签字具有法律效力"，所谓字如其人，你不会重叠于古人。书法也像自己的脸，当然会有自己的面目。另一方面，时代变了，环境变了，人心变了，眼光变了，书法自然会不同。两个原因不包括无视传统、旱地拔葱的创新。书法的标准，离不开"好看"的要求，字怎样算是好看，可能说不出来，却能够"看"出来，反正大家心里有数。这个"看"是很早就开始的，是有"看"的历史的。那些被看好的法书墨迹，也一直被视为珍宝，精心保存，这本身就是标准。

说启功热爱传统，对其也并不迷信，传统不是固定重复的。中国的艺术文化传统，好像九曲不停的过山车，蜿蜒绵延，在每一个发展的当时，都有新的要面临的现实。只有那些借助既往的动势，解决面临的现实，是符合传统的新艺术和文化，能够进入我们发展的传统轨迹，成为我们传统新生长出来的部分。事实是，代代传统，莫不如是，以往的传统反叛，有根的，都成为后来的传统。应该相信，过山车有可能倾覆，却不可能在前行的中途突然丧失动势、跳开轨道。启功的保守让人服膺，启功坚持的文化信念让人相信。

最看不下去的误会，是启功的最后一个生日。本来，这样的耄耋通人，九旬晋二寿辰，启功本心不见得愿意张罗。学校重视，希望搞个庆祝仪式，也是无可奈何。岂料想，如仪的发言献礼刚完，忽听得生日歌起，几个女孩子手捧烛火缓缓列队而进，最后站定在启功面前，而歌曲尚半，没心情听它到，更唱不完。只见，启功虽然起立鼓掌，脸还是沉下来。

丧失传统的中国人真是可怜！结婚的仪式，新人们上天入地，无所适从。如今又开始公祭黄帝，可是主祭用屁股对着祖先，好像在给众人开报告会。给启功这样的文化老人拜寿，本是好心，也必须"创意"，脑子里已经"无一旧时窠臼"。一切文化活动都"从我做起"，旱地拔葱，拍脑袋扎耳朵眼儿现想主意，搞了如此教堂一般的仪式。这不是迷信的问题，既然一片好心，既然不是成心，没必要让老人心中惨然。忍着听的歌唱终于唱完，启功说两句匆匆退场。

那一天，启功先生没有坚持到仪程结束。在后来的几天，他反复对身边的人说："她们托个蜡烛唱歌是什么意思？""那是在唱，祝你火苗一点点！"

寂寞和修持

启先生特别喜爱小动物。晚年，这喜好变成喜爱毛绒动物玩具。其实爱动物就是爱人。启功喜欢猫，喜欢小狗，喜欢小麻雀。说到猫，想起夏衍和季羡林先生，都是著名的爱猫。拜读季承先生《我和父亲季羡林》，其中季羡林和猫的故事，反映那一代学人的亲情现实，实在惊心动魄。启功早年也曾经养猫，是外国品种，据说尤其聪明。晚年，启功明说不养是因为"恐成莫逆友"，担心小动物的命运，担心自己的感情经受不起。老人，经常会变回小孩，自制力减退。例如"隔代亲"的一些失去理智做法，就是自制力减退的结果，反正到时候恶果即便有，也不管了。启功令人感慨的是，身体垂老，神经依然是高度自制。教养对人的雕琢，实在是一切文化的核心。养动物，养得是寂寞。兴来即养，不耐即抛弃，是人的问题。启功操心小生灵的命运，就选择自己来面对寂寞。

启功有什么嗜好？喝酒和睡觉。早年的诗保存不多，各有一首关于喝酒和睡觉的诗，写得实在精彩。虽那时没有录影机，

启功先生与同道相聚

比保存一卷那时的录像带相比，这诗更有文化，能传神。到了晚年，酒是由白的变成红的，红的变成黄的，黄的变成啤的，啤的变成雪碧。而睡觉，晚年成了福气。常常失眠，就写诗，想起杜工部，"剑南盈万首，想亦睡无多"。

佛，教人持戒，是有人性基础的。做好事，做慈善，做公德是正面。持戒是从反面说，不无事生非，不妄自作为，守清净心。不做对自己无益，对世界有害的事。曾认识一位成功人士山老。山老曾经是"文革"社会无政府主义时有名的"流氓"。山老教育我说：打架的诀窍，就是叉子当棍子用。这可谓"通人"之论。因为，如果用叉子想攘人，自己会怕出人命，使起来的样子一定像个屠夫。而如果用来抢，气势就大，碰上也是皮外伤，死不了人，就会放开，英武异常。流氓也不让自己的手轻易沾血，好人该不要无意作孽，只是玩一下，毁了一条性命。

启功先生在雍和宫

启功尽管谨慎做人，尽管谦己敬人，尽管没有白眼青眼的分别，但启功骨子里，委实骄傲。这骄傲，就是对有些事情，不管这事情如何排场占尽，不管这事情如何众口一词，就是抵死看不起。因为这骄傲，就是不告诉你，不屑说出来。勉强地说，有提意见的。提意见是没意见，如沙奶奶一般：领导是不是应该注意身体。就有不提意见的。有意见，我不提。启功自己，是有千年万里之期的，故而默然识之，故而超越这些。

启功有两句老实的自诩的话，是笔者留心启先生言行30年，唯见到两次，于老虎打盹，不意说出。一句是"好为人师"了。这是写信告诉自己内侄孙女的。内侄孙女自小在启功眼里长大，小时候爱唱"狐狸蒙上眼睛"，启功诗中记录着，"考试获全优"，学习努力，长大后在国外读书任教，教授语言学。启功对她说："我有一本《诗文声律论稿》。我可以自豪地说，现在讲诗词格律的书很多，谁也没有这本的概括性强。"大话人人敢说，说得好，是因为说得少。另一句，说给钟少华听。钟少华是钟敬文老前辈的公子，两代与启功相契，交谊有不为外人道者。启功先生临终前的一段时间，钟少华常来看望先生，陪护左右。根据钟少华笔录，启功仙逝前一年的10月20日，默诵自作词《乘公共交通车》以自遣。之后，很清楚地说："我的白话词，可以不朽了。"

有时候，无用的是时间。有一天启先生伏在桌边玩一幅象牙牌九。只见老人两手各捏一块牌，一次颤颤地只搓开一点，两手轮换，慢慢看。最后终于弄清，不过是比大小。启功先生告诉说，小时候就是这样，倚在母亲怀里两人儿玩儿。后来景怀先生解释说，这是想念母亲了。

周作人说："寿则多辱。"名声响彻天下，身心垂垂暮年，启功唯以写字自遣。80高寿时，还能够用小楷写成整整一本《启功絮语》，字仅一分，法度不乱。后来集字，好些寸余大字，是由《启功絮语》来的。没有湛深功力，字禁不起放大看的。

此前，启功为一张文徵明嫦娥玉兔图题跋云：

　　此文衡山垂老之笔也。毫锋散乱，小印倒钤，其龙钟可见。而书写旧作却无诳脱，则学养功纯所得又与腕力不能并论者。李夫人病容不见汉武帝，可谓善藏其短。书人至老尤役于人，亦可叹也。其笔势，依然纵横跌宕，不见力衰。

又过 10 年，即使眼睛不好，手的控制不灵，还是愿意写，也是"尤役于人"。虽然明知道"得者如传舍，终归拍卖行"。还是给人家写，广结善缘。这时的字，有些"毫锋散乱"了。细看启功这时期的字，也有"学养功纯所得"的一面，就是无论字迹如何控制得不好，其大脑训练依然，写字意识依然。提按的损失较多，反倒容易露出行笔轨迹的由来。这是学书的一个机会。

启功这一生，把认真写字当作修行，一笔一字，都是参禅。

古来圣贤皆寂寞

自古以来，末世王孙常命运多舛，绝顶聪明者，因身怀文化贵族的绝艺，侥幸安身立命。耿耿昂昂如八大山人，以丹青自放于江湖；恭顺温和如赵孟頫，以翰墨承恩于庙堂。启功先生的才情与命运，庶几有某些相似。

自清朝定鼎，爱新觉罗的子孙都是世袭封爵的。因为世袭累降，启先生家族却从曾祖一辈辞封爵而下科场，曾祖与祖父两代科第高中，官至翰林，遂成为标准的书香门第。

启先生的父亲一脉单传，未及求得功名，竟夭折于弱冠之年，家业无人承继，初显衰落。童年启功成为致仕祖父的孤孙，在爷爷膝下识字开蒙，学习书画。启功后来的成就可以说源于家学。

启功10岁，祖父又驾鹤西去，家道愈发窘迫。自10岁至18岁，启功、寡母和没有出门的姑姑，靠祖父门生的捐助过活。少年启功一面经历着经济的窘迫与贫困，一面却有贵族子弟的读书见识和向学志气，坚持古典的私人拜师，读书学艺，并奔走于旧式私塾与新式学堂之间，断断续续完成了中级学业。15岁后，启功结识了一些当时知名的艺术家、诗人、学者，如贾羲民、吴镜汀、戴姜福、溥心畬、溥雪斋、齐白石等先生，并向其中的一些人正式拜师受业。不及弱冠，启功就能够做家教、卖画，供给家用了。

这是启功学问的根基，前朝王孙懂得了"穷人的孩子早当家"。启功早年这一段贵而不富、读书为高的日子，可称为晦字阶段。

启功先生填写履历的自留底稿

　　1933年，经贵戚推荐，21岁的启功带着自己的文章和书画，来到辅仁大学校长陈垣先生门下，从学并教书。陈垣先生慧眼识人，认为启功写作两佳，孺子可教；也以一代学术大师的眼界，授之以治学正道。

启功因为没有高等学历，初到辅仁大学曾被两度解聘，又两度被陈垣校长诚意聘回。青年启功只能更加发奋向学，报之于恩师，相继发表关于山水画南北宗、晋人草书、《急就章》《兰亭序》研究的一批论文，30出头，就获聘故宫专门委员、晋升为辅仁大学副教授。

陈垣先生

这个时期，启功先生适应了现代大学的治学方法，其绘画、书法和诗词诸艺事也在北平文化界崭露头角。也是这个时期，启功先生敬业乐群，向学立身，学术研究成果丰富，加入北平文人画会，几番画展拿奖。书法也得到前辈大家的推允，形成了结体精严、方笔瘦硬的独特书体。

启功先生后来回忆说，在辅仁大学的20年间，方向明，精力足，教学相长，窗课日进，是他一生最快乐的20年。

自1933年到1952年，可称为启功先生的吉字阶段。

自1952年"院系调整"为始，至1978年"改革开放"开始为终，此乃动荡不宁的多事之秋。启功先生也似乎进入左冲右突的命运三峡，劫难接踵而至。新的高校，一切按照苏联专家的标准办事，20年的教学方法和经验略有无所适从之感。1957年，母亲、姑姑相继谢世。启功先生借调中国画院，庶几达成做职业画家的理想，未料遽然被打为"右派"。1966年，身为"死老虎"的启功先生，又被裹挟到"无产阶级文化大革命"的狂潮之中。告别讲堂，敛形忍辱，工资减发，生活困顿。1975年，"文革"未及结束，老妻久病不治，最终撒手人寰。1977年，启功先生写下戏谑而凄凉的《自撰墓志铭》，他能否想到，"江河血泪风霜骨，贫贱夫妻患难心"的日子就要结束了。

这一时期，称为启功先生的否字阶段。

否极而泰来。自1978年开始，直到先生仙逝的2005年，是启功先生最后一个人生阶段。这个时期，可以用"天下谁人不识君"来概括，启功先生自己也说命宫"贼星发亮"。这个时期的启功先生，年纪越来越老，事情越来越忙。他希望自己多为文化事业做些事，也知道个人的利益、幻想已经没有意义了。启功先生乐呵、自如，表面万事顺遂，内心万古寂寥。先生打趣说：花生米是有了，可是牙没了。

青年启功

这个阶段，称为启功先生的泰字阶段。

启功在晦字阶段的幼年坚定向学，谨遵先贤教导，立下成为文人画家的志向。彼时，他尚未意识到，追求无止境的书艺才是他贯穿始终的宿命功课。

"吉期书体"，现在仍能看到很多墨迹。启功先生吉字阶段的书法，散发出清雅纯粹的书卷气质，是反复研习历代法帖遗字的成果，证明早年发奋读书的成就不虚，兼备帖学、碑学及唐人之前的写经传统，一望而使人能够感受到深具学养、沉浸翰墨的一派方家气象。才情艺趣，风流偶傥，是青年启功的风采。这是他一心专务，打下深厚书画根基的时期。

第五章　达人启功

1948 年 4 月 25 日，余逊、启功、柴德赓、周祖谟合影

经过吉字阶段对书法传统更加深入的学习精研，启功书法的功力、眼界与书体已经得心应手，生命进入所谓的否字阶段。这时期的启功书法，浸淫之深不能须臾离弃，对书艺本质体味愈真，依法作书与生命状态浑然一体。举世滔滔之下，既有对书法文脉可否为继的忧虑，又坚信"勉力务之必有熹"。此乃积习既深、坚定守望的沉积期。

这个时期的中国书法，蜕变成民间杂耍和能人技巧之类玩意儿，以令人眼花缭乱的形态存在着。庙堂之上，只有三几个人的字为人共仰：毛泽东题词、林彪的"四个伟大"手书、郭沫若拾遗补阙的墨迹。民间技痒之人，为求政治正确，多书毛泽东诗词，社会上因而出现了很多这样的写本。启功先生所书的毛泽东诗词，即为这样的产物，是幸存于世的当年书法标本。

那时，到处张贴的"大字报"，也是书法艺术的用武之地。在运动的汹涌洪流中，"反动分子"启功为"革命运动"所做的贡献，向革命群众表现臣服的行动，便是为造反派抄写"大字报"。文化悲剧以时代闹剧的形式出演，成为数千年中国书法史的一大奇观。在铺天盖地"大字报"字体的张牙舞爪间，人们觉得启功的字写得好看，便探问这是什么体。启功谦卑回答："大字报体。"一代书人，用这种方式"我写故我在"。

十年三千六百日，风刀霜剑严相逼。中外典籍，皆成四旧。笔墨稍疏，即获大罪。《启功书毛泽东诗词》代表了启功书法的一个时期，是启功先生书体沉郁、功力发酵的阶段。《启功书毛泽东诗词》也是这个时期启功先生唯一示人的书法作品。

跟抄写"大字报"的态度一样，启功先生这个时期的书法，摒弃自撰，一味敬录毛泽东诗词。书体谨遵成法，心态绝无卖弄，写字得失的标准，是以使人容易认识为出发点的。这或许是这些书作至今受人喜爱的原因。

启功先生浸淫翰墨成癖，又要回避政治风险，毛泽东诗词几乎成为唯一的选择，且态度恭敬，有求必应，不厌其烦地为别人书写。

启功先生用过的公共车月票

有一件四体条屏，就是"文革"后期，启功先生应邻居求字而书。求字人家的四条屏原装内容有"四旧"嫌疑，不能再挂，但老画框舍不得扔，便求启功先生写字以填充。里巷街坊，虽引车卖浆者流，先生一样爽快应承。精心折裁纸幅，以适合求字人家的镜框，

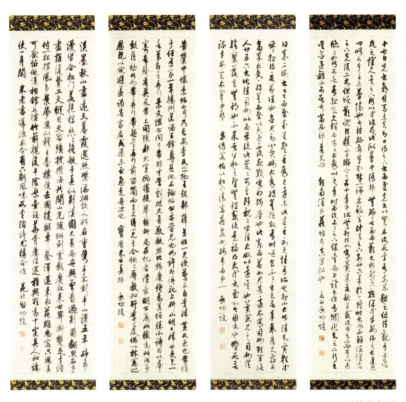

四体书条屏

是削足适履，也是量体裁衣。

　　书写空间擘画停当，启功便使出拿手书体，出以成法而求标准，不荒率，不卖弄，平实工稳，让不谙书法的老邻居们也都能清晰辨认，雅正欣赏。一代书家，为邻里细民献艺，专心精诚，意匠经营。宁静而致精，朴厚而臻淳。这个时期与这种场合下的启功书法，或可真正看成精品中的淳品，屏息凝神间完成的神品。那种心境和状态是无法再现的，这样的神品当然也难以重续。这便是这些作品的特殊价值，不可重复的价值，独一无二的价值。中国当代书法史会永远记得这样的作品，因为它们记录了中国书法在那个极端特殊年代的生存历程，从而具有了彪炳书史的里程碑地位。

启功先生在特殊年代敬录毛泽东诗词，是中国书法在文化断裂年代的特殊延续方式，折射一个文化传承者的心路修行和笔路历程。至于这些书法作品写什么语义内容，或者需要再说。其巨大的历史价值也已经不在于写什么，只要写，依法书写，对当时的中国书法就具有兴灭继绝之功，启迪后世之义。

敬录毛泽东诗词，还可以看作是启功先生当年个人生活的一个精神安慰。以作品较多的1975年为例，舆论气候是革命高潮初歇，斗私批修、批林批孔、评法批儒依然凯歌不断。被打上"黑五类"标签的启功，前途无望，生活窘迫，常为柴米油盐发愁，老妻重病多年，来日无多。那时的启功先生年过花甲，白天在中华书局政治学习、集体校史，晚上到医院陪护妻子，身心交瘁。启功先生与发妻相依为命40余年，感情笃好，没有子嗣。在启功先生当年所作的《痛心篇》中，有"虽然两个人，只有一条命"的喟叹。妻子章氏患病多年，就在这年撒手人寰。

启功先生到了晚年，仍不能承受回忆这一段经历的痛苦。而当年一个人静下来，也都是展纸研墨，把自己沉浸在入定的书写之

晚年诗稿

中。这也许就是"君今撒手一身轻，剩我拖泥带水行"，"狐死犹闻正首丘，孤身垂老付飘流"心声之下，启功先生灵魂得以喘息的不传秘法吧。

晚年的启功先生曾主张依法写字有益健康，他说过：笔毫如锥，指向分明；导之一点，力与神凝；心随法帖，手运疾停；无复他虑，胜于气功——老天都会答应，不计你聚精会神静心作字的寿命！一直以为，这是启功先生的亲身经历之谈，在20余年浮沉里闾、汗漫翰墨的坚守之中，探之以深奥海底，出之以月白风轻。先生就是依靠对书画艺术的追求，对民族文化的守望，熬过一次次人生的山重水复，走到一年年的柳暗花明。

继否字阶段之后，泰字阶段的启功法书，就是人们熟悉的启功体了。深受人们熟悉喜爱的启功体，其实是"吉期书体""否期书体"之后的勃发，是启功书法具备了天赋、传统、学养、功力、眼界诸因素之后，在空前的"自信"因素加入下的最终定型。至此，启功法书终于大成，臻于化境。

与历史上许多法帖墨宝一样，因本辑作品的存在，我们或许将会重新打量内容与载体的关系。人们曾经烂熟的毛泽东诗词，经由启功先生当年的书写，将生发出什么样的意义呢？莫非是，文化诗人启功躲藏在革命诗人毛泽东宏阔、狂放修辞的背后，以谨慎婉转的笔锋展露其文化创造者的存在？又或许是，启功书毛泽东诗词，正是毛泽东时代电光石火孕育的一朵奇葩？启功先生以毛泽东诗词浇胸中块垒，不妨将这种书写看作精神禁锢年代的人格修行。深厚的家学根底，长期的学养砥砺，经历痛苦的孕育，于生命晚期大放异彩。蚌病生珠乎？庶几近之。

不理解困顿时代启功先生的精神苦痛，就很难理解启功成其为启功大师的现象。近百件启功书写的毛泽东诗词作品里面，蕴含着那个文化隐身时代的秘密。在毛泽东诗词宏阔、狂放的语言背后，是启功先生笔锋间泄露出的人性光芒，其中有文化传承的奥秘。透过启功先生的遗墨，可以呷摸贫乏年代书写者的心境和情志，也可以体会毛泽东诗词的某种别样的滋味。

启功先生在命运的否期，艰难困苦，贫病哀愁。一代名士饱经磨难，沉郁中积攒力量，书写中磨砺精进。启功法书宛如一个婴儿，于那样的时代母体内日长周进，就待呱呱坠地那一刻。启功先生在众生受难的日子里身怀文化六甲，蜷缩隐匿于魑魅魍魉和刀光剑影之间，期盼在开放的时代生产出自己的血肉结晶。一颗不死的文化之魂，演绎一阕惊天地泣鬼神的书法传奇。

我终生不辍的另一项事业是诗词创作，陆续出版了《启功韵语》《启功絮语》《启功赘语》共七百多首诗。

其后杂临碑帖以及历代名家墨迹，以习智永《千字文》墨迹最久，功亦最苦。

在我幼小的心灵里，我觉得这是一件最令人神往、最神秘的本领。因此从小我就萌发要当一个画家的想法。

诗雅谐

印章"余事作诗人"

对于诗词创作，启先生一生笔耕不辍，他曾在口述历史中自言：

我终生不辍的另一项事业是诗词创作。二十世纪八十年代后，我陆续出版了《启功韵语》《启功絮语》《启功赘语》共七百多首诗，后中华书局把它们合并到《启功丛稿》"诗词卷"，北师大出版社又出版合卷的注释本，定名为《启功韵语集》。

我从小就喜欢古典诗词，当祖父把我抱在膝上教我吟诵东坡诗的时候，那优美和谐、抑扬顿挫的节调就震撼了我幼小的心灵，我觉得它是那么动人、那么富有魅力，学习它绝对是一件有趣的事，而不是苦事。从此我饶有兴致地随我祖父学了好多古典诗词，自己也常找些喜爱的作家作品阅读吟咏，背下了大量的作品，为日后的创作奠定了良好的基础。

启功先生用过一方印："余事作诗人"。在启功先生教授古典诗词的教书生涯里，历代诗词是先生的"家珍"，不仅如此，启功先生对中国诗词的美学规律还进行了理论的归纳，那就是写成20多万字，删减到6万字的《诗文声律论稿》。在这部书中，启功先生从中文说话的声调谈起，推导出格律诗词的理论程式，检验了历代经典诗歌，并且把这个规律推论到词牌、曲子以至于经典的文言文章，以说明声律规律的普遍与合理。不仅如此，启先生在这样的认识基础上，又能放弃理性，用美的心态，"余事作诗人"。

关于诗韵，启先生曾在《启功丛稿·诗词卷》的《总序》中表达了这样的观点：

> 自我青年时至今听到前辈以及一些学友见面相与讨论最多的，常是"诗韵"的问题。大家都知道，"诗韵"这种书是为作旧体诗押韵提供标准的，长辈多主应遵，后学多主可变。我大约从二十岁懂得作仄仄平平仄起，又得知要合乎韵部时，常出现"因噎废食"的事，譬如四句押韵的诗，第二句押"东"字，第四句押了"冬"字，一查韵书，坏了，必须改掉一句，如果觉得"东"字句好，或是主要的，就必须改掉"冬"字句。结果韵部合了，诗中所说却并非都是原意了。又如果一首入韵的八句律诗，误押了支、微、齐、佳、灰五个韵脚，若要改归统一的一韵，就必须换掉四个韵脚，又要改掉四个对偶的上句。这样韵部统一了，内容则一定驴唇不对马嘴了。

对于诗词的境界，启功认为："我觉得诗的最高境界是：'佳者出常情，句句适人意。终篇过眼前，不觉纸有字。'——让读者不必在文字上费工夫就能领略作者的情意。"

现代人做古典诗歌，难以摆脱"绿肥红瘦"的旧时语言窠臼，而启功先生留下的近两千首诗歌，不仅严格遵守了诗文声律的语言规律，除早起少数作品，却创造性地化用今日口语，创作了一时无二的"白话诗词"。这是今日的才气风流，我们试选几首感受一下。

《鹧鸪天·乘公共交通车》(八首)

其一

乘客纷纷一字排。巴头探脑费疑猜。东西南北车多少，不靠咱们这站台。坐不上，我活该。愿知究竟几时来。有人说得真精确，零点之前总会开。

其二

远见车来一串连。从头至尾距离宽。车门无数齐开闭，百米飞奔去复还。原地站，靠标竿。手招口喊嗓音干。司机心似车门铁，手把轮盘眼望天。

其三

这次车来更可愁。窗中人比站前稠。阶梯一露刚伸脚，门扇双关已碰头。长叹息，小勾留。他车未卜此车休。明朝誓飞毛腿，纸马风轮任意游。

其四

铁打车厢肉作身。上班散会最艰辛。有穷弹力无穷挤，一寸空间一寸金。头屡动，手频伸。可怜无补费精神。当时我是孙行者，变个驴皮影戏人。

其五

挤进车门勇莫当。前呼后拥甚堂皇。身成板鸭干而扁，可惜无人下箸尝。头尾嵌，四边镶。千冲万撞不曾伤。并非铁肋铜筋骨，匣里瓷瓶厚布囊。

其六

车站分明在路旁。车中腹背变城墙。心雄志壮钻空隙，舌敝唇焦喊借光。下不去，莫慌张。再呆两站又何妨。这回好比笼中鸟，暂作番邦杨四郎。

其七

入站之前挤到门。前回经验要重温。谁知背后彪形汉，直撞横冲往外奔。门有缝，脚无跟。四肢着地眼全昏。行人问我寻何物，近视先生看草根。

其八

昨日墙边有站牌。今朝移向哪方栽。皱眉瞪眼搜寻遍，地北天南不易猜。开步走，别徘徊。至多下站两相挨。居然到了新车站，火箭航天又一回。

怎么样？严格的鹧鸪天词牌声律，不隔的当今口语入诗，是古典美学的现代复活，毫不做作，堪当传统优秀文化的最佳现代创新。诗歌精神，就是这样在浸淫熏染、理性认识的基础之上，还能才情潇洒地创造，"生面果然开一代"。

启功曾说有人称他的诗为"启功体"或"元白体"，认为这一称呼起码说明他写出了自己诗歌的个性，因此对这个称号他是非常愿意接受的。而对于诗歌的继承与创新之间的关系问题，他明确表示：

> 应该把继承传统与勇于创新结合起来。现在古典诗词的创作热潮空前高涨。但想写出好作品却不容易，它必须符合两个基本的原则：既要继承，又要创新。就继承说，因为我们要创作的是旧体诗词，所以无论从形式到神韵都必须有古典的味道，否则仅把句式切割成五、七言或规定的长短句，然后完全用今人的思维方式、审美情趣和表达方式来写，即使写得再好，恐怕也难称为旧体诗。就创新说，因为是当代人写，所以不但要写出时代气息，而且要在创作风格上体现出新特点、新发展，否则从语言到情调都是旧的，那如何称当代人的作品？与其如此，还不如径直去读古人的作品，因为

在这范畴内，我们做不过古人。只有将继承和创新完美地结合在一起，才是当代人写的古典诗词，才有价值。

一定敢于使用新语，而且要把使用古典语与使用现代语相结合。还要善于用浅显语写深意境，这比生搬硬套艰涩深奥的语言最后只能表达不知所云的意思要好得多。

书秀丽

　　启功先生的书法作品，秀丽端庄，有法有理，是当代书法的标志性成就。

　　启先生年轻时的人生理想是做一个画家，后来书名盛过了画名。有一个广泛流传的故事，说启先生年轻时画儿很好，但长辈不让题字，刺激了启先生练字的热情。这个故事不宜以现在的情形理解。现在能够看到启先生不到20岁时候的字，是极其规整漂亮的欧体。那为什么不能题画呢？可能是因为那时启先生掌握了书体规律，而尚少自己用笔的适意，写字"熟"或能及，"生"略欠之。另有一端，那时候传统浓厚，社会上多有法眼，要求和欣赏水平较高。可见，写字任笔而为是一失；而手下只有规律，用启先生的话说是"两处写的同一个字对着太阳都能套上"，机械呆板，没有个性，也是一失。

　　启功先生的书法造诣独步，其学书经历在自注其诗："先摹赵董后欧阳，晚爱诚应竟体芳，偶作擘窠钉壁看，旁人多说似成王"里说得很清楚：

　　余六岁入家塾，字课皆先祖自临《九成宫》以为仿影。十一岁见《多宝塔碑》略识其笔趣。然皆无所谓学书也。

　　廿余岁得赵书《胆巴碑》，大好之，习之略久，或谓似英煦斋。时方学画，稍或谓似可成图，而题署板滞，不成行款。乃学董香光，虽得行气，而骨力全无。继得上于罗氏精印

"黄沙直上白云间"

"当年乳臭志弥骄"

《宋拓九成宫碑》，由刘权之跋，清润肥厚，以为不啻墨迹，固不知为宋人重刻者。乃逐字以蜡纸勾拓而影摹之。于是行笔顽钝而结构略成。此余学书之筑基也。

其后杂临碑帖以及历代名家墨迹，以习智永《千字文》墨迹最久，功亦最苦。论其甘苦，惟骨肉不偏为难。为强其骨，又临《玄秘塔碑》若干通。偶为人以楷字书联，见者殷勤奖许之曰，此深于治晋其法者，而余固未尝一临治晋帖也。

启先生是有自己书法理论的书法家。除了系统的论著，如《古代字体论稿》《论书绝句一百首》等，最著名的说法是"透过刀锋看笔锋""半生师笔不师刀"。有人说有清以降碑学一统天下，事实是帖学传统从来不曾式微。启先生以自己的亲身实践和经验，揭示了写字的秘密。写字的基础，启先生有两个捅破窗户纸的有趣发现：一是汉字并不是横平竖直的——横向右上斜，而竖有向背的不同；二是汉字不是一个中心点，而是四个中心！——这使人想起中国画的散点透视。这的确更符合写字的事实、结字的规律。

当然，作为著名书法家，启先生首先是爱写字，字写得好。启先生有一首《贺新郎·癖嗜》，用"心房脑盖"来形容对法帖的珍爱，书法的成就是由多年不计利害、痴迷其中得来的。启先生的作品深受人们喜爱，先生为人随和，有求即应，有很多书法作品流传。

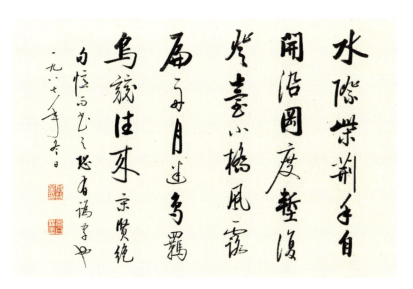

"水际柴荆手自开"

启先生在《学书自述》中说：

> 功学书初临欧颜石刻。苦不见其笔毫出入之迹。见赵书胆巴碑墨迹影本，剧好之。及观群书论赵字，多薄之，又复自疑。再师米董，又流于轻率。见唐人墨迹，始悟欧颜石刻如灯前壁上勾人影，不为不肖似，但不见血肉矣。发奋习智永千文墨迹本，偶得形模，离帖一无所似。今渐老矣，向日闻人评似某家而怫然不悦者，今觉皆不可及。强拟之则上类张得天，中近王梦楼，下堕潘灵皋，然未免仍有自夸处。

透过先生谦辞，可见先生学书路径和心中的书法标准。

启先生学画，有清晰的师承脉络。启先生学书，虽然得益于早年身边的传统文人环境，却是发奋自学的。启先生书画的相通之处，是尊崇传统，谨守规矩。启先生到晚年仍然得意的是，冯公度先生评价20岁启功的草书："这是认得草书的人写的草书。"启先生认为写字应当把注意力用在学习中国书法传统上，个人意趣，是自然而然的，所谓"妙在能合，神在能离"。

启先生留下的法书作品，大致能分三个时期：中年阶段，字体较方，笔道略粗而匀称；老年阶段，字形略长，笔画粗细对比较强，即是大家熟悉的"启功体"；到了晚年，人书俱老，启先生九旬以后仍能作书，手略迟缓于心，可以另见启先生运笔结字的法度。

启先生一生执教，在学问和做人上，身教对青年人的影响甚于言教。启先生说自己不曾收过一个书法学生，先生却是一个书法教育家，先生以说破鄙陋，高屋建瓴的卓见传播书法传统。启先生写字每一笔画仔细认真，晚年临《阁帖》不辍，在为学校或中小学生写字的时候，一定是楷体字、一定是简体字，成为一种专门的书法创作。启先生用他的书法艺术和社会活动，发扬了中国书法在各国文化交流中的独特艺术价值，普及了书法艺术在现代生活中的传统审美文化。

画古美

启先生以书法知名，而了解先生的人都知道，启先生更是一位画风独特的画家。

约在六七岁的时候，启先生看到祖父画扇面，产生了强烈向往。先生也想像祖父那样，寥寥几笔，遂成心画。这向往之强烈，确定了启先生"做一个画家"的最初人生理想。祖父的影响，启功自述如下：

> 还有对我产生深刻影响的，就是他经常让我看他画画。我至今还清楚地记得当时的情景和感触：他随便找一张纸，或一个小扇面，不用什么特意地构思安排，更不用打底稿，随便地信手点染，这里几笔，那里几笔，不一会儿就画好一幅山水或一幅松竹。每到这时，我总睁大眼睛，呆呆地在一旁观看，那惊讶、美慕的神情，就像所有的小孩子看魔术表演一样，吃惊那大活人是怎么变出来的？在我幼小的心灵里，我觉得这是一件最令人神往、最神秘的本领。因此从小我就萌发要当一个画家的想法。

十四五岁，启先生正式拜师学画，先后接受了贾羲民、吴镜汀、溥心畬等先生的严格训练。到十八九岁，启先生的画作已经有所成就，可以拿到画店，换一点家用了。

启先生一生珍藏一个小扇面，是祖父应启先生所求而作，记录了祖父画画对启先生的影响。祖父在扇面上题写："戊午中伏雨后，

山水二帧

1985 年，竹石图 奉为第一届教师节纪念

功孙乞画。为摹篱落间天然真景。写之扇头，记其年时如右。"就在这个小扇面上，我们看到一方祖父的闲章："非曰能之。"启先生10岁时，祖父去世了，这方闲章20世纪30年代之后多次出现在启先生早年的山水作品上，见之令人动容。文化就是这样，代代相传，延续民族精神，常常也讲述家族的亲情故事。

从启功先生存世的绘画作品来看，风格属于典型的中国文人画，他曾数次提及："教授我绘画的老师都是文人，我的画也是传统意义上的典型文人画。"因此，启先生的绘画强调诗、书、画的有机结合，强调意境高远，善于通过写景寄情，来表现自我的胸中逸气。比如1985年，为迎接第一届教师节创作的长415厘米、高72厘米的巨幅《竹石图》，上题"奉为第一届教师节纪念"。画面巨石峻拔，老竹苍劲，新箨勃勃，飞湍流瀑，整个画面浑厚庄重，意象涵意深远，象征着中国教育事业不断壮大发展的勃勃生机，教师队伍的兴旺发达，以及对教育事业薪火相传，后继有人的美好祝愿。有人曾问先生："您为什么喜欢画朱竹？"

　　墨竹也好，朱竹也好，都是画家心中之竹，都是画家借以宣泄胸中之气的艺术形象，都不是严格的写实。这又牵扯到画风。我的画属于传统意义上典型的文人画，并不意在写实，而是表现一种情趣、境界。

这是先生晚年在其口述历史中的回答。

　　现在可以看到启先生最早的作品，是其13岁（丙寅孟春）时的一幅菊花，笔意严谨，是学校送嘉宾的礼品。启先生在学画的时候，常去琉璃厂一带南纸店，与多位店家建立了私交。据一位店东的后人讲，当年这位店东总劝启先生不要过于用功，心里想的是这个年轻人罕见的努力，怕要活不长。

　　荣宝斋现藏启先生25岁作丈二尺四条屏，青绿山水，每幅有溥雪斋先生题跋。见过作品可知当年的启先生虽然年轻，笔墨已经卓然成家。这个时候，启先生已经遇到了一生的老师陈垣先生，开始在辅仁大学执教，绘画事业也步入坦途。

　　20世纪三四十年代，启先生活跃在中国画坛，列身于溥心畬

荷花

田、张大千等前辈大师的书画雅集，参加京城重要画展。那时的启先生创作达到高峰状态，精力充沛，画作颇丰，这从近年收藏界流布的启先生作品可以看出。

1956年，国家有关部门邀请叶恭绰先生回国组织中国画院（现北京中国画院），这是新中国将要成立的第一家画院。经叶先生与陈垣校长协商，请启功先生协助画院的筹备工作。这是启先生绘画事业的巅峰，却也是一场劫难的开始。在接下来的"反右"中，启先生被"没有现行"地补划为"右派"，挚爱的绘画事业也不能不终止了。

直到20世纪70年代后期，略微有一些自为的空间，启先生偶尔技痒，零纸小笔，又有些作品。70岁以后，启先生诗中说："老怀开得莫嫌迟"，迟来的春天使冰雪为之消融，才恢复画作。但此时启先生书名大盛，社会工作剧增，应酬字画接踵而至，作画的精力已嫌不够了。启先生有一件题在早年作品上的题跋，写于1986年，可以看作先生绘画的宣言。跋中说：

此仆旧作，暑年乙酉，盖为公元一九四五年吾生第三十四岁也。其时日集于宗老雪斋翁之松风草堂。翁写墨兰专宗元人，不作近三百年流派面目。功承指授而学步未能，今观此幅，徒增愧汗耳。

　　谦辞是启先生的语言风格，所谓雪斋翁不作近三百年流派面目，也正是启先生的夫子自道。启先生老年时期的画作，已经少见早年的文人山水，多了竹石题材。这些晚年绘画，在他一生追求的笔墨法度与点画适意之间，增加了更多胸中逸气和世事洞明。

　　启先生的绘画，成为典雅中国绘画传统的遗响，是当代中国画坛风采独具的大家。

庸言庸行

看到一件启功先生法书："优孟得时皆贵客，英雄见惯亦常人。随园所记名句也，所谓不过尔耳。"一时想到，能接触启功先生这样的人，体味他的文章轶事，以开阔自己生命见识，不能不自庆是一份幸运。优孟一类的人什么时候都有，机灵巧辩，弄臣演员，本不是什么大人物。一时际会，也可以目空自得，其势纵横捭阖，陶醉浮沉。立了不世之功，名声传布人口的人，如果就在身边，那平时形象也不过知常守常，并不会迥异常人。接触了启功先生，信服了优孟、英雄之外，更喜爱他这样以学立身、知行一致的"学人"。低者尊重理性学行相应，高则见贤思齐，是活着的圣贤。自问启先生见惯是什么感受呢，自忖是"庸言庸行"，不惊人，耐寻味。

启功先生曾经于大红纸上画金色松树，自题五绝是："双松光腾金，一纸色吐火。举示李泰和，欣然称似我。"这就是晚年启功先生的艺术写照。没有一生天降大任、劳其筋骨的虚心向学，孜孜以求、执着文化、九死无悔，就不能有晚年厚积薄发的欣然自安，为文化传承的蜡炬成灰、春蚕到死，无怨无悔、求仁得仁。

启功先生天性爱画，是中国精神的写意文人画。半生的求师积学，天才而用功，经历长期的精细山水训练，师法古人以通造化，不意命运弄人，做不成画家。才有晚年意笔竹石，成就简靖学行的文化符号，殊途同归，意外得之。启功先生因学画，了解无学非画的文人精神，兼学书法。这书法就是积学之上的笔墨实践，是学人书法的传统正脉。启功先生一生书法谨笔工画，一生临古不辍，每一笔都自学养而来。启功先生的书法实践，敢于一生学习传统，没有一笔"自创"自己的"风格"或者"标识"，照样成就人人承认的"启功体"。启功先生曾说过，学习就是好好、认真地继承，因为个人气质和时代条件的不可复制，"创新"就是自然而然的了。这对时下那些自己任笔为字、信笔写字，还排斥以学养灌注作书的人，是无言的身教，正在产生无声而持久的影响。

双松图

启功先生说过早年追随溥心畬、松风画会的往事，大画家溥心畬教画不谈画，总问作诗。学问贯通，经史子集诗书画印本是一家，依仗早年在爷爷膝下领悟的抑扬顿挫，启功先生很早就烂熟了诗词声律的复杂要求，这既是中年总结诗词声律理论的坚实基础，也是晚年创作"白话诗词"的实践准备。启功先生说话作文，本就是一位深入浅出的语言大师，有"行文简浅显，做事诚平恒"的名言绝句，启功先生的诗词作品，也成为当今时代格律诗歌创作的卓然大家，将会在传承诗歌法脉的今后，产生越来越大的影响。

综合这些学养的成就，是启功先生的书画鉴定事业。启功先生

30 多岁，即被聘请为故宫博物院的专门委员，负责书画馆的研究顾问工作。从幼小年纪，跟随戴绥之先生在故宫观摩古书画学习传统开始，这为"爱新觉罗"与故宫似乎有一种命中注定之缘。20 世纪 80 年代，启功先生负责国家文物鉴定委员会"七人小组"，以 7 位老人之力，清理全国博物馆、大学和文化单位的文物"家底"，积年之功、万里之行、数十万书画古籍过眼，在启功先生看来，是一个不觉其苦、乐此不疲的劳动。

鉴定作为一个源远流长的文化事业，起码从梁武帝令陶弘景鉴定王羲之的字，就开始了。而这件事的通人，自古就是由从事书画的大艺术家充任，褚遂良、米芾父子、柯九思、董其昌，都是历史上的著名鉴家，并由他们产生了这么一个分工。启功先生早在初到辅仁大学时期，在张伯驹先生收藏平复帖传奇发生的前后，就钻研帖文，在千年流传，不能通读的情况下，几经努力，做出了最全的识读。《兰亭序》也是流传千年，真迹不见，碑帖纷繁，也是启功先生早年竭泽而渔地将清了它的流传脉络。就连皇皇巨碑《皇甫诞碑》，"设险类于东泰，

1983 年，古书画鉴定小组部分成员在故宫

文物鉴定七人组合影

实山河之要冲"，欧阳询将"秦"错写为"泰"，千年无数人临写，未见指误，到了启功先生临帖即被轻轻拈出，还用来说明写字人多不读碑。一千年来，这些事一直在等我们的启功先生吗？

　　文物鉴定、买卖古来有之，本意是中国文化敏而好古，古文物有巨大的文化价值。但同时，文物书画也具有了巨大的商业价值，商贾追利也使得鉴定变得更加复杂。收藏书画文物本是具有慧眼学人的事，商贾加入，既促进了古玩流通，也复杂了流通古玩。启功先生说：不是一个真伪可以说清的。有人振振有词地说，拍卖法没有制止售假，岂知拍卖是必须预展事物的。文字形成的合同，对拍品的称呼都连着实物，以实物为准。这就蕴含无限的可能。一些有慧眼的人，同时也有商贾之心，人心又使鉴定复杂一层。而启功先生在一生的鉴定中跳出三界之外，不求利于其中，就如同启功先生为人所求题写跋文常说的，"以志眼福"，看到即是拥有，是启功先生鉴定成就的一个道德因素。启功先生有《书画鉴定三议》等文章，讨论了鉴定中的八种

"世故人情"，真是鉴定在慧眼、学问之上的世事洞明。以启功先生在文物界的赫赫声名，于拍卖公司自然有很多的往来与交情，笔者曾见一些爱好加求利的收藏人，在拍卖展上直问启功先生某件拍品"是真是假"，启功先生被逼拉着收藏熟人的手左右摇摆地握着，顾左右而言他。可惜收藏人不能意会，非要听到真或假的指示。君子爱财，也不要忘了敏而好古的收藏初心，做好准备才好从事收藏。

关于书画真假鉴定方面的问题，启功先生曾在《鉴定书画二三例》一文中，专门提出"鉴定不只是'真伪'的判别"的看法，特将原文例举如下：

从古流传下来的书画，有许多情况，不只是"真""伪"两端所能概括的。如把真伪二字套到历代一切书画作品上，也是与情理不符合。

书画的"真""伪"者，也有若干成因，据此时想到的略举几例。

（一）古法书复制品：古代称为"摹本"：在没有摄影技术时，一件好法书，由后人用较透明的油纸、蜡纸罩在原迹上钩摹，摹法忠实，连纸上的破损痕迹都一一描出。这是古代的复制法，又称为"向拓"，并非有意冒充。后世有人得到摹本，称它为原迹，摹者并不负责的。

（二）古画的摹本：宋人记载常见有摹拓名画的事，但它不像法书那样把破损之处用细线勾出，因而辨认是不容易的。在今天如果遇到两件相同的宋画，其中必有一件是摹本，或者两件都是摹本。即使已知其中一件是摹本，那件也出宋人之手，也应以宋画的条件对待它。

（三）无款的古画，妄加名款：何以没有款？原因可能很多，既然不存在了，谁也无法妄加推测。但常见有人追问：
"这到底是谁画的？"这个没有理由的问题，本不值得一答。
古画却常因此造成冤案：所谓"好事者"或"有钱无眼"的
地主老财们，没名的画他便不要，于是谋利的画商，就给画
上乱加名款。及至加了名款后，别人看见款字和画法不相
应，便"鉴定"它是一件假画。这种张冠李戴的画，如把一
个"假"字简单地派到它头上，是不合逻辑的。

（四）拼配：真画、真字配假跋，或假画、假字配真跋。
有注重书画本身的人，商人即把真本假跋的卖给他；有注重
题跋的人，商人即把伪本真跋的卖给他。还有挖掉小名头的
本款，改题大名头的假款，如此等等。从故友张珩先生遗著
《怎样鉴定书画》一书问世之后，陆续有好几位朋友撰写这
方面的专著，各列例证，这里不必详举了。

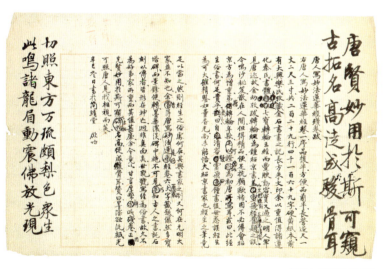

《唐人见我跋》草稿

（五）直接作伪：彻头彻尾的硬造，就更不必说了。

（六）代笔：这是最麻烦的问题，这种作品往往是半真半假的混合物。写字找人代笔，有的是完全不管代笔人风格是否相似，只有那个人的姓名就够了。最可笑的是旧时代官僚死了，门前竖立"铭旌"，中间写死者的官衔和姓名，旁边写另一个大官僚的官衔和姓名，下写"顿首拜题"，看那字迹，则是扁而齐的木刻字体，这是那个大官僚不会写的，就是他的代笔人什么文案秘书之类的人，也不会写，只有刻字工人才专能写它。这可算代笔的第一类。还有代笔人专门学习那位官僚或名家的风格，写出来，旁人是不易辨认的；且印章真确，作品实出那官僚或名家之手，甚至还有当时得者的题跋。这可算代笔的第二类，在鉴定结论上，已难处理。

至于画的代笔，比字的代笔更复杂。一件作品从头至尾都出代笔人，也还罢了；竟有本人画一部分，别人补一部分的。我曾见董其昌画的半成品，而未经补全的几开册页，各开都是半成品。

自从胡适之先生 20 世纪 20 年代评论《红楼梦》之后，读这本书就不仅是阅读欣赏，也可以是学问。因为胡适之用的是程乙本《红楼梦》，大约是在 1956 年，人民文学出版社在出版注释本《红楼梦》时，也选择了程乙本，以后就一直通行这个本子。注释小组以俞平伯为首，干将是启功先生。在后来很长一段时间，因为都知道的原因，《红楼梦》都不署注释整理者的名字，以致读者很多人不知道谁帮助了他们的阅读。1979 年，北京师范大学中文系在学校图书馆发现了程甲本《红楼梦》，组织注释出版。这一回，是启功先生为首，并且写了如何阅读《红楼梦》的长序。也就是说，几代读者阅读的两种《红楼

敦煌经卷题跋

梦》，启功先生都是主要注释者。但启功先生没有以《红楼梦》学家自称的想法，而且，因为第一次注释的稿费正好用于启功先生母亲的发丧，反倒不愿意提及这件事。

　　此处摘录一段《启功口述历史》中关于《红楼梦》注释的文字，以见先生学养之深，功力之厚：

　　　　五十年代我为人民文学出版社出版的程乙本《红楼梦》作过注，这是解放后第一部注释本。由于我对满族的历史文化、风俗掌故比较熟悉，因此被认为是最合适的人选。但我认为程甲本更符合曹雪芹原意，程乙本在程甲本的基础上做了一些改动，把很多原来说得含混的地方都作实了，自以为得意，殊不知曹雪芹本来就是有意写得含混，所以我又向出版社推荐程甲本，为此我又写过《读红楼梦札记》和《红楼梦注释序》等研究红学的文章，承蒙学术界，特别是红学界的谬赏，这些文章直到现在还经常被人提及并引用。我在这些文章中提到了以下几个主要观点：

在《红楼梦注释序》中，我指出读《红楼梦》特别要注意的几个问题，这也正是注《红楼梦》所要解决的问题，即俗语、服装、器物、官职、诗词、习俗、社会关系、虚实辨别。同时提出一些带有普遍性的问题，如我认为："《红楼梦》里的诗和旧小说中那些'赞'或'有诗为证'的诗都有所不同。同一个题目的几首诗，如海棠诗、菊花诗，宝玉作的表现宝玉的身份、感情；黛玉、宝钗作的，则表现她们每个人的身份、感情，是书中人物自作的，而不是曹雪芹作的诗。换言之，每首诗都是人物形象的组成部分。"这是就如何全面理解人物形象提出的见解。又如："宝玉的婚姻既由王夫人做主，那么宝钗中选，自然是必然的结果（宝钗之母为王夫人之妹）。这可以近代史中一事为例：慈禧太后找继承人，在她妹妹家中选择，还延续到下一代。这种关系之强而且固，不是非常明显的吗？另外从前习惯'中表不婚'尤其是姑姑、舅舅的子女不婚。如果姑姑的女儿嫁给舅舅的儿子，叫作'骨肉还家'更犯大忌……本书的作者赋予书中的情节，又岂能例外！"这就是对《红楼梦》爱情悲剧主题的解释，而且我认为这种解释是最能切中要害的。

在编辑《启功全集》的时候，发现一篇散页的启功先生 20 世纪 40 年代手书札记，大意记录说听一位老人所言，其早年读过一种

《红楼梦》版本，后四十回结果如何如何，与通行本不同。分析此本存世的可能性，以俟来日拷问。《启功全集》编成，不知是因体例还是什么原因，发现此文没有收录。

曾见一件敦煌经卷，有启功先生40岁时题跋，在题跋之后，记述道：

> 武周天授，去唐初未远，故楷法犹寓六朝遗韵，开天以后渐趋浓肥，至于五代，风流顿尽。余每以字体断年代，颇鲜失者，正不必谛察年款。而有年款者，益足为吾眼力之一证耳。与同好，展观既终卷，如射覆偶中，抵掌大噱，信属快事。

积学所致，启功先生对浩如烟海的文物古籍了如指掌，这是见识产生眼力的生动事例。

启功先生有一些说法，后来被史实验证，也觉得是很可敬佩的事。著名的兰亭论辩，其实就是古代手写稿书与标语正书是否同时存在的问题，现在，因魏晋手书除兰亭另有可鉴，结论已经不必争论。20世纪50年代，启功先生在《古代字体论稿》中描述隶书向楷书过渡中手写字体的预言，也早经考古发掘所证实。也是快事一桩。文献，文指书上记载，献是老人口传。启功先生记述其曾祖溥良亲见慈禧临终赐光绪皇帝鸩奶的说法，也被后来发掘的光绪遗骨有发黑现象佐证。有些真相，就在知识细节的合理推论之中，令人感到积学的所值和理性之可爱。

一个人少无宦情，虚心向学，积累一生，并不能排除生活的穷达顺逆，命运的晦吉否泰。在经历了生命里的悲欢离合之后，启功先生自问，自己应该是一个人道主义者。这，也许是启功先生学儒信释求道，博文通史成哲的必然归宿，是一个贡献文化的老人给我们的启示。笔者保存了启功先生临终最后的书法，可能是一生勤于笔墨，积

启功先生绝笔

习成瘾，写来自适而已。不再是应付求字，为人所役。一次没有写成，重新来过一次。内容是：

> 岂能尽如人意，
> 但求无愧我心。
>
> 昔贤格言联语，公元二零零四年三月六日，启功敬书。

启功先生的一生，是虚心向学安身立命的一生。在中国优秀传统文化如丝倒悬的一百年，正是启功先生执着文化积学传承的坎坷人生。在启功先生时运不济精神最困难的时候，可以说，正是他对中国传统文化深深的浸染和依恋，帮助他坚定信念，坚持生存。

通观启功先生的一生，不禁使人感到，传承和创新传统文化，寂寞和坎坷几乎是必然的。没有以苦为乐的精神境界，取得那些文化成就也是不可能的。这就如诗人的遭际，命运愈蹇其诗愈工，没有文化信仰的支持，就熬不出诗人的审美境界，而千古不朽的诗篇，是心灵境界的产物。

启功先生像苏东坡、郑板桥一样，进入了我们的文化优秀传统之中，成了我亲身瞻仰过的传统文化『古人』。我们感念启功先生的人生，对于当下的社会而言，是一个人生标杆，好教每一天有一个安静的指望。

浮光掠影坚净翁

作者画启先生小像

启功先生在辅仁大学参加院系调整，到了北京师范大学，一生教书 70 余年。有人说，在北师大校园的建筑物上，除了公厕，全是启功先生的字。这当然是极端之言，不过启功先生的确是与北京师范大学紧密相连的。作为师范大学晚辈后生，说一说北师大与启功先生。

20 世纪 80 年代初，启功先生搬家住到了师大。教了 50 年书的启老师，一生搬家 20 余次，刚刚在学校有房子住了。现在想来，那可是美好的 80 年代，大家相信读书就有办法，老少人群希望科学可以兴国。学校离二环很近，还是城边儿街道的样子，没有什么汽车，人也稀少，马路没有牙子，路边有一米多宽的排水明渠。那时的学校显得安静，树木也多，梧桐的大叶子从路两边遮过来，形成多条绿色通道。行走其间，时不时，某株树上就吊一个蓝色小牌子下来，生物系搞的吧，白油漆写着：什么树种，什么科目，拉丁文的什么学名。有同学迎面走来，总是衣着保守，面貌纯朴，而目光坚定。如果是两三人，还互相讨论比如诗歌、西方哲学、甚至真理什么的。

启功先生住到了 30 年前为苏联专家盖的小红楼，楼前的树，高过了楼顶，将婆娑疏影，映在了启功先生南向的临案窗棂上。浮光掠影，是先生窗下读书写字的实景，当然也是历尽沧桑的启功先生对世事的态度说法。浮光掠影楼，就是启功先生搬来小红楼新的斋号；相对照的，先生所藏一方康熙旧砚的铭辞曰："一拳之石取其坚，一勺之水取其净。"先生从中分选两个字联成"坚净"，同时用来"颜所居"。对世事的浮光掠影，与对内心的坚且净，也许就是此时启功先生的心声吧。

　　在小红楼的门前，有一个小泳池一般大小的圆形花坛，其间的月季鲜艳怒放着。这是暑假的一天午休时间，启功先生没有午休，正从花坛边上走过，周围静静的。启功先生一人走路，心中应该是轻松和兴奋的，有节奏地甩着手，步子就有一些颠儿，像走路又像是玩儿，可以说是"兴致盎然"。用先生自己的话说就是，这是生命中迟来的春天。

　　算来就要 70 岁了，经历了那么多不值得回首的往事，如今是晴空下的孑然一身，仍是那种小孩子一样的欢喜，老而不失赤子之心，令人印象深刻。

　　不久，学校筹备 80 年校庆，工会老师和学生美工队的同学布置校庆展览。启功先生应邀写的"校庆展览"四个尺余大字，被大家七手八脚地反过来放在地上，直接在背面涂上糨糊，贴在了展室的窗户上。回想同学们那时真挚的表情，面对不知珍贵的墨宝，该用面不改色形容方才准确。现在有人说启功先生大字很少，回想起来那四个一尺还大的楷字，单字能占一格窗户，怕是展览之后，即使有心也无人能揭下来吧。

　　那时流行办杂志期刊，学生社团也要出集刊了，题写刊名启功先生总是有求必应。启功的题签拿过来，原件，比需要的略大，那时候没有扫描、电脑的方便缩小办法，就照着略小地描画到设计的封面上，封底照样印着题字启功。可那题字实在是设计者用钢笔描画"临摹"的，如今看来，实际真是描画得不成样子，也许有人要说那时就有了启功书法的"做赝"吧。而北京师范大学出版社刚刚创办，制版技术到底专业一些，大量启功先生题签的出版物存留在那个时期师大社的封面，其实还一直延续到了本世纪初启功先生去世。那时启功先生几乎是出版社专门的题字师傅，封面设计得工艺不如现在的好，启功先生的题字却一直不缺。

学校办公室的侯刚老师，那时开始留意收集启功先生的书法资料。每当启功先生应单位或个人所求，有字件经过侯老师的手，他就找宣传部的人摄影保存。复印机是少见的高级办公设备，学校办公室有一台。来不及的时候，侯老师也用复印机保存启功书法的黑白资料。

作者与启功先生合影

学校里随便是谁，那时都有机会参加启功先生的书法讲座，看先生现场示范，有问有答，形式活泼，写很多张字。那时学校的几个餐厅会堂，还没有后来装修的那么精美，却都挂着启

启功先生在浮光掠影楼书房写字

功先生的条幅真迹。实习餐厅大堂里有几根柱子，就张挂六或八条与柱子同宽的条幅，辞义典雅，字字精彩。在师大校园的老师、学生，凡有心者，各种理由，莫名因缘，人人都有启功先生手赠的法书真迹。当时的人们并没有经济价值的意识，只是喜欢先生的字。求启功先生动笔，当时只道是平常。有一个年轻的教工朋友，负责学校电话维修，也喜欢启功的字。本着从我做起的精神，这哥们拧松启功先生屋外入室的电话线，过会儿背着工具上门检修。先生果然已经发现了电话的故障，看哥们忙上忙下之间，启功先生闻说年轻人也喜欢书法艺术，即送一件法书感谢，于是这哥们卷了得意回家。

　　大家都喜欢启功先生的风趣。有首长来学校视察，学校安排当时健在、名贯学史的一批知名教授作陪。散会后，首长爱好书法，和启功先生搭讪着一同来到电梯口。电梯到了首长先上，首长邀请启功先生也进来，同梯下楼。已到主楼门外，首长仍兴致不减，边走边谈，启功先生找话缝双手合十说："我改日一定带作业登门请教 —— 那什么，我棉袄落八楼会场了。"

"作业？"

启功先生有一套老北京、满族人、谦逊学者惯用的客气、自低说法儿，了解启功先生的人都熟悉他的这套修辞办法。当时年轻，有时谈启功先生说话、逗乐儿逸事，半懂不懂。学校的报纸上，那时就有了年轻老师听来的启功启功故事，夹杂了编排，也不管身边的启功教授看了，做何感想。

学校初创出版社，启功先生就"荣膺"了出版社的名誉社长，一会儿又说是顾问，都由着出版社，启功先生没有表达什么意见。挂着社领导头衔的启功先生并无权利，主要是干事儿的，出主意到哪里找什么样的选题，带着后辈教师到前辈学人家里要稿子，撺掇着实施了一回原存雕版的当代手工刷印，把陈援庵先生早年的雕版著作重印出版。这是陈垣先生早年刻板的第一次全套统一刷印，应该在当今出版史上记录一笔。

那时候没有炒更概念，人都只在一个地方领工资，有人说启功先生学雷锋，到处为人干写字的活儿。启功先生于写字、讨论字帖，乐此不疲，就是个主动的"好之者"，最喜欢张罗这些事。举一些例子。20 世纪 40 年代，他报告陈校长，在琉璃厂发现有价值的文物字画，校长批一些黄金，给学校买回了铁卷甲骨之类。50 年代，他发现琉璃厂有人释出珍藏的清代名人手札，凡二十多册，消息告诉图书馆，拘回盈尺大摞的书札入藏。60 年代，他受托为北京的宣传部门编法帖，列计划分品类，给吴晗市长写信详列设计的体系和篇目，当然后来泡汤了。70 年代，启功先生与学生一起下放劳动，书不易得，有学生空

启功书画展开幕式

闲时间愿意抄历代诗歌，启功先生和学生一起手工装订抄件，给抄件写本子皮儿。80 年代，启功先生开始忙了，可近水楼台的朋友或同事、熟人不断地上门，督促启功先生为今天留下了大量的书法手迹。北师大当启功先生是形象大使，启功先生说自己是学校、上级部门的礼品公司。还说出版社，办图书展览借用启功先生名气，把启功先生的照片印在宣传出版社形象的海报上。

　　启功先生也常到出版社办事，办事空余，有人就抱一摞宣纸素册为先生预备着。启功先生得空，即就出版社并不讲究的笔砚，每一本素册写几个字，福寿康宁、金玉满堂之类；隔过几页，又画一幅画儿，简笔写意的兰竹、松梅一类。一小会儿，整十本，就推到出版社工作人员面前说："你们拿着送人吧。"

　　启功先生在改革之初，将自己精心编撰的文集《启功丛稿》交给了中华书局。过了些年，又把自己编成的诗稿《启功韵语》交给了北师大出版社。可是，那时候出版社追求效率，太忙、太紧张。《启功韵语》排出来，错字就多了些。启功先生笑着说，自己的书是"伪劣"作品，不能退给排字的手民。到了下一本《启功絮语》，启功先生交来的稿子是自己抄的，一字一句，在格子里的工楷。所以，这本诗集就出版成一个手写本。

事情就是有得有失，虽然辛苦一点启功先生，可是世间多出一本启功诗稿的手迹。

图书印完，领导说：手稿多漂亮呀，请启功先生送给我们吧。这是改革的初始阶段，出版社还有为作者出书是帮作者的思想，原稿经常被忽视价值。整整一大沓恭写的手稿，启功先生就送给出版社了。有人听说，这些墨宝是白要来的，就对领导感叹说：这是名人手稿啊，一整本，先生自己也不是说写就能写得出来，怎么能张嘴跟人家要呢 —— 除非是启功先生自愿送给你们的。领导觉得也是，那就还给先生吧。手稿送到启功先生家里，先生说：我已经答应给你们了，就不要了！

据说，出版社领导下次又见到这位友人，再次给他显摆启功先生的诗词手稿，还说：启功先生这回是自愿送给我们的。

事情还是有得有失，虽然出版社领导直率地有些失礼，可是出版社得到了手迹诗稿。

那时流行一首艾静唱香港的歌儿，"香港香港，你能来我不能去的地方"。启功先生因公到香港访问，一位当地收藏家钟先生买了一件水彩画原作送给先生。画面上，一位老者在河边垂钓，自行车撑在身后，一堆猫，一二三四五六七，在等着吃鱼。一般人以为肯定是独具艺术价值的珍品，启功先生喜爱地解释说，这叫"等待"，猫儿们

钓鱼图

指望着老头呢。先生还用这张画，印了很多复制品，做为新年的贺卡寄赠朋友。

　　艺术品的价值，产生在其所传达的趣味，是不是这个小故事的一点启示。

　　帝王登基，要定一个年号，不知道他干什么用。那些年，北师大出版社每年都要请启功先生也题一个年号，我们宣传图书时有用。因为出版社每年要发一本小广告，介绍我们的书目。与启功先生相约，每年一幅，不写肖字，比方说，牛年不能写"牛"，马年不能写马。马年，启先生为出版社写的是"骏业腾骧"，羊年，则是"吉祥大利"。每年一题，一题一年。出版社计划，到十二年头上，出一套生肖书目。然而，那需要十二年，终于没有写完。

有机会与启功先生相处的年轻人，逮住启功先生有空的机会，可以问一点书上不会讲的问题。这叫做叩大钟。启功先生弥勒佛一样悠悠地笑着，并不会主动地教育你什么。而你有不解，就举槌去叩，老先生就会回响，如一口大钟。笔者曾有一次叩钟，启功先生的回答，太过意外，以致如今把当时的问题都给忘记了。记得是一个小问题，希望启功先生说两句，可启功先生回答说："有的问题，你知道的，那就是知道，怎么人家一说你又糊涂了呢？有的问题，你不知道，可巧我知道，我可以告诉你。不过这类问题没有多少。还有的问题，你不知道，我也不知道，根本就没人知道。甭听有人见天儿胡扯，他并不知道。"就是这三句。句子一多，连问的什么也忘了，就为记住这三句。

有启功先生在的世界，就这样高山无言，白云在望，日子如常，无限悠悠。时间一长，所谓熏陶，启功先生的风范就留在后辈心里，渐渐能够分辨人品的清浊高低，做人的宽严上下。自己做过的事情，也在心里慢慢反省过来。

学校有位教授认为现代大学应该恢复提倡"从游"的传统，除了上课听讲，应该跟着老师"游学"。"学"有"从游"，就比只是教训有效得多。体会"行"的身教，就比听到"说"的言教，要立体丰富得多。所谓受教育，这是人类传承最重要的方式吧。那样的世界不觉其难逢，倏忽就失去了。

先生身后的感念

启功先生仙逝，北京师范大学提出了全校师生向启功先生学习的要求，组织编辑《启功全集》。《启功全集》列入国家的出版重点项目，出版社上下重视，领导安排参加这项工作，被认为是不知何时修来的殊胜因缘。《启功全集》编辑委员会，聘请了学校及其他院校、研究机构研究启功的顶尖儿先生们。出版社的希望是，趁启功先生距我们不远，把启功先生身后资料尽力收全，流布社会，这是工作的核心。《启功全集》前后历时 7 年，收集启功先生未刊稿件及散布社会的书法、题跋、诗词等手稿和复件，汇总启功先生此前著作，结集共 20 卷。

说起收集启功先生的手泽，启功先生似乎早有预料，有言在先。启功先生在他的诗中说："或劝印全集，答曰殊不妥。"先生觉得，除去中华书局的《丛稿》，北师大社的《韵语》，其余"老来偶再观，惭愧逃无所"，自己觉得都不够格。荣宝斋收藏先生早年的山水条屏，准备拿出来展览。启功先生那时健在，认为是自己少作，不够成熟，也

启功先生介绍自己的书画（李强摄影）

不同意展览。

郑板桥编定自己的诗集，申明后人不能阑入自己的应酬之作，理由也是觉得那不够不朽的水平。传统文人爱惜自己的羽毛，以致于此。郑板桥并且发狠话，说如果有人不听，"则死而变厉鬼以击其脑"。启功先生欣赏郑板桥诗画，对自己的作品也持郑板桥的态度。但是，启功先生还喜欢郑板桥的诗，自己收集板桥诗跋，每遇一件即抄录在本子上，自题为《击脑集·郑板桥集外诗抄》。你看文人心思，就是这么悱恻纠结。援是例，《启功全集》也冒击脑之谶，收集启功先生集外存诗，另列为集外诗集。

现在《启功全集》的形式，是横排简体，这个有不同意见。横排，有些竖写的法书，排起来不符合原来习惯。但也有好处，是年轻人阅读方便。全集的开本，因为著作与作品统排，意见是有些不大不小，但可以体现启功先生学问与艺术的一体，作品主要是著录性的，可以容量较大。

启先生在荣宝斋为学生讲解笔墨纸砚

编辑的重点，首先要收集广。相对于启功先生自己不在乎存留书画作品，广结善缘的作品流布，收集不广就不可能完成工作。其次是编辑认真，主要是著作文字部分。说实话，北师大版启功著作，过去有过编校不严的羞辱，所以要从严认真。前面说过，侯刚老师等人自20世纪80年代开始，就收集整理启功手迹资料，是《启功全集》工作的基础。20卷的体量，这工作毕竟是"攒鸡毛凑掸子"的

先生九旬晋二诞辰，给先生送样书贺礼（侯刚摄）

办法，启功书法、画作、诗词、题跋，存量之大，流布之广，虽然收集成册，成绩显著，而当时没有得见的资料仍在不断出现，好像没有尽期。

编辑委员主要是先生学生故友，很多人颇有些年事。而字字推敲的作风，不仅是学养习惯，也是对启功先生的一往情深。赵仁珪先生从学、工作一直在启功老师身边，在一些稿件的编辑、取舍上便于秉承启功先生的遗志。柴剑虹先生每每不辞道远，总是行色匆匆，来不及完成的稿件，用布袋提回家里继续。柴剑虹先生同时参与启功老师、季羡林先生、冯其庸先生全集的编辑工作，且兼敦煌吐鲁番学会事务，年高而愈忙。

北师大出版社开始收集《启功全集》资料的工作，在报纸发了启事。一但有线索，编辑委员会即上门去找、拍摄复制。数年之后，这个工作在社会上发生影响，学者、藏家纷纷上门，工作可以部分坐享其"拍"了。

在寻访和收集启功先生的手迹及材料过程中，接触了很多与先生打过交道的人，俨然成了一个"启功名誉社会调查"。接触的人，

无论鸿儒巨子，或引车卖浆者，共同的是对启功先生的钦佩。其中细节历历，每听重诉都会深受感染，也是对编辑人员的一个独特的沾溉与熏陶。

一位老先生，开一座酒楼，行动已经很困难，亲自带作品上编辑部拍照。说起启功先生赠他三件书法，如在眼前。因为喜爱，因为没有启功先生的画作，自己拿两件书法与人换回两幅启功先生画作，一起珍藏。展开之下，那唯一珍存的书作神采焕然，而换回的"启功画作"，那是什么画呀，水彩色画在皮纸上，没法儿说。

一位 30 多岁青年，专程坐火车从南方来到全集编辑部，随身带了一副对联。青年自述，十多年前，青年尚在美术学院读书，遭逢父

对联二副

亲病重却无钱看病。关心青年的老师说，我不行，北京有个启功先生，字很值钱，有求就给，去求求他看。青年就这样坐火车来到北京，在北师大转了一天，找到启功先生的家。很多人传说启功先生被人骗字，这位青年却如愿求到一幅对联。回去后，父亲却去世了，而字还没有来得及卖。青年说，现在，他办公司很顺利，字就更不会卖了。他要留着手里的字，纪念父亲，也纪念启功先生。

夏天星先生青年时期学习声乐，同时雅好书画，勤奋努力终至成为山水名家。在夏先生年轻艺术稚嫩时期，曾向启功先生请教。启功有一件题跋，写在夏先生年轻时的绘画习作册页上，记录了一位老学者和年轻艺术家的交往：

> 无生活则无画境，无技巧则难表达。技术旧，则如陈词滥调；自创多，则常如语出杜撰，他人不解。必使技术来自生活，密合客观物象，而又以提炼出之，始称佳作。天星同志出示近作，嘱申管见。因抩臆论于后。一九八七年深秋，启功。

好几位启功作品有成就的收藏家，已是藏品丰富，卓然成家。讵知当年，都是某种因缘而聚在启功先生身边，由向启功先生索字求画、学习写字作画起步的。将启功大件作品搬进搬出，拆框装框，这些位先生支持《启功全集》的编辑工作不遗余力，回报启功先生当年的爱护，其情是可以理解的。

启功先生参加的文化交流活动，踪迹遍及东亚乃至世界，因近来作品升值，时常可以见到回流的当年出访作品。虽然知道国外有启功作品收藏，这些作品回流之富，还是使人见之吃惊。

启功作品喜爱者众多，其水平也参差不同。因为市场的推波助澜，收藏呈现多元景象，对书法人群学习传统，为优秀艺术赢得赏音，未始不是一件好事。其中我所惊奇的，是年轻的收藏家的表现。

作为整体看来，80后不容小觑，90后渐成规模，平衡地说，他们可能是收藏人群中教养基础上好的，市场已经不能欺他们年轻。好之者，兴之所在，强记广闻，每出手不让前辈。在搜检启功遗墨之间，得到心仪作品，而且还挣了钱，眼光练得越来越高。令人佩服的，是他们从市场看作品，研究启功艺术之外，不在乎多研究几个启功的影子，对影子们不能掩藏的特征，已经能感应、把握。经常有电话从各地打来，善意为编辑部指出，各种拍卖出现的最新仿作。甚至可以说出是哪个影子所仿，还在哪里有过，判定仿作的证据等等。真是天道人心，终有公道。

启功先生身后，作品价格飙升，本是藏家喜事，转而不堪其忧。在作品万元时，会有几千元的劳动用以造假；目前动辄数十万元，其赝品的不择手段、逼真惟肖，可以想见。收集工作也深受其苦，越来越难。有些启功先生经典作品，是假冒灾区，似是而非，多有赝仿。每有真迹被仿，我们称假冒的为"双胞胎"。这种情况，所见到的，竟至有"六胞胎"的情况。市场逐利，疯狂如此。

编辑启功书信手迹时，侯刚老师贡献了自己保存的启功手札。校对期间，因篇幅过大，又将侯刚老师保存的书信删去了。这是普通的工作流程，大家初不为意。书未付印，有藏家来示新收藏品，侯老师那件被撤下的启功手札赫然出现。大家不解侯老何这么快就将藏信卖了，侯老师拉开抽屉，不久前为拍照拿来的原札还在抽屉里！两相对照，惟妙惟肖，仅有两处有异。第一，原件于纸边有一句"又及"的话，赝品略去不造。第二，两札均用绿格公共电车公司印制稿纸，仅小字印刷年份略差。

这件书札由侯老师拿出，编进书信集，一个校次以后，旋被删除，此外并未公布流传。而仿品竟在书未编成，即流回编辑部。

试想，此件由侯老师箧底至拍照校对，原件不离侯老而影件只有排校稿。慢说书尚未出版发行，就算发行也已经无此书札。假冒品已经交易，并来在眼前，其窥探手眼定在身边无疑，能不令人凉气倒吸么！唯一的可能，就是有人在默默收集编辑部弃置的校稿！回想至此，不觉一头冷汗。

启功先生坚信书法本质上各如其人，"签字有法律效力"。但在利益的大力驱动之下，在动用刑侦之前，此间智勇之斗，已经剧烈地升级。

说到收藏之真赝，不知道要怎样地小心。有一张启功先生和某名人的合影，两人顾盼生动，像是在说相声。

研究照片的人问："这么热闹，说什么呢？"

章景怀先生看看照片，喟叹道："我也问呢。先生说，是到医院看望病人，遇见这位先生，非要拉到边上问他家里的藏品水平如何。边上有凑热闹的，拍了照片。"

"藏品怎么样呢？"问者寻根。

"先生说，曾被拉到他家看过，当时就没有说什么。这次遇到，还是问，还是只能胡扯，不能说。"

"怎么不能说呢？"

"倾心尽力，金钱感情。收藏是个玩眼力的事情，自己眼力不到，事情层层堆积，就成了没法儿说破的境地。"

先生的大德景行

启功先生身边许多的人，都敬佩先生的为人。可以感到，许多人因为与启功先生的交往而言行受到敦厚温良的影响。纵然没有被启功先生耳提面命的缘分，向往启功先生的言行、道德，也可有所收获。

对于启功先生的嘉言懿行，笔者作为后辈晚学，心里全是服膺、佩服、服气，工作中越是了解启功先生，越是深深地敬服。启功先生如一位传说中的贤人，却曾经就在我们身边，这就是人们感叹难得一遇的经师和人师，是自己学习修养的难得机遇和缘分。

20世纪80年代，国门初开。启功先生访问港澳。那时候，出境不易，都是公事，国家有专门的"出国制装"制度，一律灰色西服。启功先生一行来到一位香港工商巨子的府上。进门人家就有利市的习俗，每位一个红包，首先就派启功先生一个。启功先生笑盈盈双手接下，口中称谢，随同也就依样接下。香港人家都有一个佛龛，在访问结束时候，启功来到这家人的佛龛前，口称吉祥，将红包献于佛前。随同于是依样葫芦，拜一拜，奉上红包。

初听这个故事，觉得这做法充满智慧，是个快乐的故事，也是个机智内敛的故事。

香港人送红包，一是有派利市的文化，也是对那时大陆客人收入微薄的体贴，有没有自得之意，就不知道了。启功先生虽然囊中一样羞涩，尊严所在却不愿接受人家钱财。受礼是承情，敬神是恭敬。自爱与自尊，就是这样两厢成全，是从随和与通达中显露的。

年轻人在校园中往来，经常可以见到启功先生。先生到行政主楼来开会，有时会早来一会儿。每当这个时候，纸笔方便的话，就会有人请启功先生写字。先生也不推辞，兴致好的时候还主动给人家画张简单的兰草墨竹之类。

如果你上前，叫一声启先生，先生也会和气地同你说话，像是熟人。几次在行政主楼看到，有人截启功先生的暇空，为自己鉴定字画或请教书法。有个先生拿一个很粗的手卷，说是自己写的佛经，希望启先生过眼，意思是希望能在后面写一段题跋。先生把卷子拿在手里，两只手很快地倒着手卷，听不很清地在嘴里念着。佛经写得很整齐，密密麻麻工工整整。

忽然，先生顿一下，说，掉了某一字，指一指。之后继续边倒边念，念一阵，又是一顿，先生用手指着某一处，说这里掉了某字，好像败了兴致，不再继续，把手卷还给了主人。写佛经的先生似乎并没有弄清自己掉了何字，也不好意思再请先生题跋。

一次，笔者有机会和启功先生，以及学校宣传部的老师到前门办事，完事已经是午饭时间了，启功先生提议，于是大家来到一间饭店。还没有选好位置坐下，过来一个服务员，说是经理请大家上二楼雅间。上到二层，菜已经在上，经理双手抱拳地走进来，说是启功先生来了蓬荜生辉云云，看样子他与启功先生并不很熟。经理很客气，一直招呼着，并且饭后坚决不收钱，执拗不过，便说隔壁雅间早已准备了纸笔，启功先生如能亲赐一幅墨宝，就求之不得了。启功先生诚恳地解释：没有带印章，改天一定遵命。经理是个雅人，没有勉强，一直送到楼下。这家饭店在高档的门厅设了一间礼品店。夫子请经理留步，说自己随便转转，踱进了那间礼品店。

那是上世纪80年代中期，年轻教师大约挣七八十元工资，启功先生花四百元买了一个玻璃圆球镇纸。到了学校公派的汽车上，司机师傅问是不是先生特别喜欢这款镇纸，那么高价还买下它。启功先生说，这镇纸中看并不好用，随手就送给了司机师傅。

大家当时都不解，为啥那么贵买了，又随手送人。后来才品味出，也许是补偿人家的招待。人情与世故，最难是分寸。启功先生的学问与艺术，现在是文化公器，人人得而学习欣赏，而这样的珍视他人善良，不伤自己志愿的智慧，还在微言细行里透露。

做人岂能以财物论得失。启功先生晚年经济好转，拿钱帮助故旧是经常的事。了解实情的人都知道，启功先生是知恩报恩，是出于相互间的感情。启功先生捐赠了一生珍爱的文物给国家博物馆，大家也知道，那是启功爱惜那些文物，是珍重与物的情感。先生身边的人几乎都有启功先生赠送的法书，启功先生接人善缘，广种福田，君子交友，而不是小施恩惠，博人感激。启功先生戏称自己是礼品公司，因为替学校、替有关机构写了太多作品送人。启功先生的法书，先生在世时已经有规定，没有正式手续海关不得出境。有一次，启功先生得意地给大家讲起，出关的时候，关检人员提醒先生，您没有随身带了自己的字画吧，即使是您，没有手续也不能通关。启功先生假装变色说道，哎呀，还真带了。海关人员的笑话一下就卡壳了，放行吧不允许，不放行又太过尴尬。启功先生看火候差不多到了，于是举起手腕，摇一摇说：在这儿呢，带着这个不违反规定吧。

这是一个诙谐的故事，启功说自己喜欢淘气，于此可见。

2005年6月30日凌晨，启功先生驾鹤西行。在启先生的灵堂和追悼会上，挂满了来自社会各界、自发送来的挽联。件件叙说的，是启功先生对世界和人心的影响。笔者自觉寡陋，羞于当众挂出自写的挽联，只是小小地写了，自己收好。如今借着这个稿子的机会，向先生敬献上心香一瓣："万峰传统，危崖卓立并传统；九派品流，乱水终济上品流。"

启功先生自1933年受聘于辅仁大学附属中学始，直到2005年去世，从事教师职业长达70余年，可以说启功先生把他的一生都奉献给了教育事业。他曾对人说："那些写写画画的事，都是边边角角，不值一提，我真正的

启功先生作揖

职业、称谓只是教师。"

"学为人师，行为世范"，对于这八字校训，启功先生是这样阐释的：

> 学，是指每位师生应具有的学问、知识乃至技能。仅仅具有还不够，需要到达什么程度？校训讲得明白，是要能够成为后学的师表。而师表的标准，我们能理解，绝不是"职称""级别"所能衡量或代表的。行，是指每位师生应具有的品行，这包括着思想、行为、待人、对己，方方面面，时时刻刻，都光明正大，能够成为世界上、社会中的模范。这种模范，不用等待旁人选举出来，自己随时扪心自问，有没有可惭愧的思想行动。校训没有任何人执行考试、考察、判分、评选，但是每位师生，都生活在自己前后左右无数人的雪亮而公平的眼睛中。

1992 年，在日本二玄社欣赏二玄社复制品，高岛义彦（右一）、渡边隆南（左一）

启功先生草拟的励耘奖学助学基金内容

启功先生用他的一生践行了这八个字，为世人树立了德行的典范。

启功先生为救助贫困学生筹措奖学、助学资金，捐助163万余元给北京师范大学，于1991年11月27日，设立"励耘奖学助学基金会"。基金名称"励耘"，乃是出自启先生的恩师、北京师范大学老校长陈垣书屋名。启功先生曾说："如果说予小子对文化教育事业有一滴贡献，那就是这位老园丁辛勤浇灌的汗水。" 励耘奖学助学基金表达了启先生对自己恩师最真挚诚恳的纪念之情。

启功先生曾在他的口述历史的结尾，用了以下几句话来表达自己对人生的一些看法：

"衰荣有痕付刍狗，宠辱无惊希正鹄。"——古人曾提出要达到真人、至人的境界，我觉得能随时抛弃荣辱，真正做到宠辱无惊才是人生的最高境界。

　　"何必牢骚常满腹"，"自遣有方唯笑乐，人生难得是糊涂"，"多目金刚怒，双眉弥勒开。馀生几朝夕，宜乐不宜哀。"——为此人应该有乐观、达观的生活态度，郑板桥所说的"难得糊涂"绝不是苟且的遁词，人生、社会的很多事本来就是说不清的。

　　"直如矢，道所履。平如砥，心所企。""一拳之石取其坚，一勺之水取其净。"——但做人的方正廉直是必需的。

　　"开门撒手逐风飞，由人顶礼由人骂。"——我扎扎实实地活着，我不在乎别人怎么看待我，历史会给我一个公正的评价。

　　曾有人说，有些人虽然早已不在人间，但他们的光辉仍然照亮世界；这些人是月黑之夜的星光，为人类照亮了前程。启功先生当之无愧地属于这些人中的一员。

　　启功先生的学问和艺术赢得了广泛的赞叹，启功先生的道德与智慧更获得了大众的赞誉和敬佩。启功先生在我们怀疑自己的文化传统时，执着地坚持它的优秀、活力部分，为我们示范了优秀文化传统对于做好一个人的文化力量。现在，文化自信成为大家的共识，而启功先生像苏东坡、郑板桥一样，进入了我们的优秀文化传统之中，为滚滚红尘中凡夫俗子，展现了一种平常而又大境界的智慧人格。感念启功先生的人生，对于后人，是一个做人的标杆，好教每一天都有一个身静思安的希望。

参考书目

◎ 启功:《启功口述历史》,北京师范大学出版社,2004 年。

◎ 启功:《启功丛稿》,中华书局,1981 年。

◎ 启功:《启功韵语》,北京师范大学出版社,2009 年。

◎ 启功:《启功絮语》,北京师范大学出版社,2009 年。

◎ 启功:《启功赘语》,北京师范大学出版社,2009 年。

◎ 启功:《启功全集》第三卷,北京师范大学出版社,2010 年。

◎ 启功:《启功全集》第四卷,北京师范大学出版社,2010 年。

◎ 启功:《启功全集》第五卷,北京师范大学出版社,2011 年。

◎ 启功:《启功讲学录》,北京师范大学出版社,2004 年。

◎ 金启孮:《金启孮谈北京的满族》,中华书局,2009 年。

◎ 北京师范大学百年图志编写组:《北京师范大学百年图志》,北京
师范大学出版社,2002 年。

◎ 北京师范大学校史编写组:《北京师范大学校史 1902～1982》,北
京师范大学出版社,1984 年。

◎ 侯刚、章景怀:《启功年谱》,北京师范大学出版社,2013 年。

◎ 刘乃和等:《陈垣图传》,北京师范大学出版社,2002 年。

◎ 曾庆瑛:《陈垣和家人》,北京师范大学出版社,2010 年。